Miguel Szymanski

Ende der Fiesta

MIGUEL SZYMANSKI

Ende der Fiesta

Südeuropas verlorene Jugend

Kösel

MIX
Papier aus verantwortungsvollen Quellen
FSC® C014496

Verlagsgruppe Random House FSC® N001967
Das für dieses Buch verwendete FSC®-zertifizierte Papier *Munken Premium Cream* liefert Arctic Paper Munkedals AB, Schweden.

Umschlag: Weiss | Werkstatt | München
unter Verwendung zweier Bilder © shutterstock/Antonio Abrignani
Bild-Nr. 80812789 (auch im Innenteil), © Corbis/Joe Petersburger
Bild-Nr. 42-38616982
Druck und Bindung: GGP Media GmbH, Pößneck
Printed in Germany
ISBN 978-3-466-37111-2

www.koesel.de

Für Alex dafür,

dass wir alles in unserem Leben teilen.

Für Sofia und Maria,

die unser Glück vervielfachen.

Inhalt

KAPITEL I

Heimweh in Heidenheim

HEIDENHEIM, JANUAR 2014. Eines wusste ich genau, das konnte nicht wirklich Kaffee sein. »Entschuldigen Sie, können Sie mir sagen, was das ist?« Die junge Frau an der Theke der Bäckerei in der Innenstadt Heidenheims, einem romantischen Industriestädtchen in Schwaben, schaute mich irritiert an.

»Verzeihen Sie die Frage, ich möchte nicht unhöflich sein …«, der Südeuropäer in mir neigt auch bei tadelloser hochdeutscher Aussprache zu wortreichen Floskeln, »… aber wurde die Kaffeemaschine eventuell gerade gereinigt? Ist das eine neue Teesorte oder Spülwasser?«

»Der ist immer so«, sagte eine andere Kundin, die an einem Stehtisch aus ihrer Tasse schlürfte. Einen Augenblick lang zögerte ich – meinte sie den Kaffee oder mich? Hier kannte mich doch niemand. Ich lebte erst seit einem halben Jahr in Deutschland. Fast hätte ich aufbrausend reagiert: »Was wollen Sie damit sagen?« Ich konnte knapp die Worte zurückhalten und lächelte.

Die Iberische Halbinsel und Deutschland leben seit viereinhalb Jahrzehnten in einem Kampf der Kulturen in meinem Kopf. Ich bin ein katalanischer Deutschportugiese. Mit der Krise und den radikalen Sparmaßnahmen, die Spanien 2009 und Portugal 2011 auferlegt wurden, weitete sich mein innerer Kampf leider zu einem öffentlichen Krieg aus: Das Schlachtfeld sind jetzt die Straßen Lissabons und Madrids, wo die Menschen, die an der Austeritätspolitik aus Berlin leiden und verarmen, verbal gegen Deutschland aufrüsten und attackieren. Deutschland dagegen scheint die Feindseligkeit des Südens einfach zu ignorieren.

In Lissabon hatte ich von Anfang der 90er bis zu unserem Familienumzug an die Südküste Portugals vor zwei Jahren die Gewohnheit gehabt, auf dem Weg in die Redaktion vor einem der vielen Kaffeehäuser unter Palmen, Palisanderholzbäumen oder den majestätischen Tipuanas meine Bica zu trinken. Bica ist ein kleiner, sehr starker Espresso, der in anderthalb Litern Wasser verdünnt in den Bäckereien der deutschen Provinz als Kaffee verkauft werden könnte.

Ich hätte mich von dem dünnen Kaffee an meinem jetzigen Wohnort Heidenheim nicht überraschen lassen sollen. Getränke, Menschen, selbst Tiere: Ich kannte die Unterschiede zwischen Deutschland und einem südeuropäischen Land seit meiner Kindheit. Als kleiner Junge war ich Mitte der 70er kurz nach der Nelkenrevolution mit meinen Eltern von meinem Geburtsland Portugal nach Deutschland gezogen. Schon damals staunte ich, dass deutsche Hunde nicht an jedem Gartenzaun laut bellten, am Straßenrand schliefen oder den radfahrenden Kindern wadenbedrohend hinterherliefen, sondern ihren Frauchen und Herrchen auf Schritt und Tritt gehorchen, deren Lebensaufgabe damals wie heute darin zu bestehen scheint, den Vierpfotlern menschliche Manieren beizubringen und sie still zu halten.

Als ich Anfang 20 war, zog ich für mehr als zwei Jahrzehnte aus dem Ruhrgebiet nach Lissabon an den Atlantik zurück. Letztes Jahr, im Juni 2013, zwang mich die soziale und wirtschaftliche Krise im Süden als Mittvierziger mit meiner Frau und unseren zwei Töchtern nach Deutschland, ausgewandert aus dem schon wieder bettelarmen Portugal in das reiche Baden-Württemberg. Meiner persönlichen Wiedervereinigung mit Deutschland war eine monatelange Jobsuche vorangegangen, in der Hoffnung, von unserer Ferienwohnung an der Algarve aus eine erste Arbeitsstelle in Deutschland zu finden. Eine »Wende« in meinem Leben, wie es mir schien, bei der Deutschland wenig gewonnen und ich viel verloren hatte.

Noch bis Juni 2013 hatte ich jeden Morgen in unserer Wohnung an der Praia da Rocha in Südportugal mit meiner Frau Alexandra gefrühstückt und durch das Wohnzimmerfenster auf den 800 Meter entfernten Atlantik geschaut, während meine Töchter Maria und Sofia beim Spielen auf der Terrasse lauter kreischten als die vorbeifliegenden Möwen. Ich verfasste erstmals in meinem Leben Anschreiben und Bewerbungen auf Deutsch und kannte die deutsche Arbeitswelt nicht.

Aus Berlin gab mir Kirsten, eine ehemalige Schulkameradin meines Jugendfreundes Michael, wertvolle Tipps zur Jobsuche. Kirsten und ich telefonierten und tauschten viele E-Mails. Sie half unermüdlich, und als erfahrene Pressesprecherin konnte sie mir die deutsche Mentalität und Erwartungshaltung entziffern.

Auch Michael, der eine Komparsenagentur in Berlin leitet, bot mir seine Hilfe an. Wir könnten die erste Zeit in Deutschland in seinem Gartenhäuschen unterkommen, schlug er vor, und sollte ich keinen Job finden, würde er mir Statistenrollen vermitteln. Er meinte es so. Wir kannten uns seit der Zeit, als wir Winnetou und Old Shatterhand waren, später hatten wir gemeinsam Bochums Kneipen und Clubs unsicher gemacht und über die Mittelmäßigkeit der Welt gestaunt.

Was ich vor der Kamera als Statist in Berlin hätte sein können: ein Passant mit Hund, ein Familienvater in einem Kurzfilm für eine Krankenkasse, ein Obdachloser in einem Krimi, ein Mitläufer in der Menge. Ich zog es vor, in unserer Ferienwohnung am Atlantik am Schreibtisch zu bleiben und weiter an meiner wichtigsten Rolle zu arbeiten: Lebensläufer. Curricula und Bewerbungsschreiben zu redigieren und sie elektronisch an alle möglichen und unmöglichen Orte in der deutschen Republik zu schicken. Arbeiten Sie in der Personalabteilung eines Verlags, einer Agentur oder Medienunternehmens? Dann schauen Sie im Archiv nach unter Szymanski, Miguel. Vielleicht finden Sie mich, den Idealkandidaten.

Ich hatte von Portugal aus nach sechs Monaten endlich meine erste Anstellung gefunden: als Texter in einer kleinen Werbeagentur in Heidenheim. Nach dem Verarmen meines Geburtslandes kam mein beruflicher Abstieg: vom Lifestyle-Journalisten und Korrespondenten in Lissabon zum Schreiber für Unternehmensmagazine in einer Provinzstadt an einem Wasserlauf namens Brenz.

»Wie, du fängst deinen neuen Job nächste Woche schon an, hast noch keine Wohnung und bist schon mit der ganzen Familie nach Deutschland gekommen?«, fragte Kirsten am Telefon. Kaum hatte ich meinen ersten Arbeitsvertrag in der Tasche, 15 Tage Kündigungsfrist und befristet auf ein Jahr, schon war ich mit Frau und Kindern im Familienkombi aus Portugal nach Baden-Württemberg gekommen. Ich war zuversichtlich. Wir würden schon eine Unterkunft finden. »Das ist gar nicht deutsch! Ein Deutscher zieht erst mal allein um, wartet das Ende der Probezeit ab und sucht in der Zeit eine Wohnung. Dann erst kommt die Familie nach«, erklärte mir Kirsten. Ein südländischer Kopf tickt etwas anders und wird stärker vom Herzschlag beeinflusst als eine germanische Birne.

Nach einer ersten Woche in einer Jugendherberge fanden wir dann auch eine Studentenwohnung für einen Monat zur Zwischenmiete – ein einziges Zimmer mit Küche und Bad. Wir mussten nur eine Doppelbett und zwei Matratzen für die Kleinen kaufen. Ich hatte bereits angefangen zu arbeiten und suchte nebenher fieberhaft eine langfristige Bleibe, die sich schließlich drei Tage vor Ablauf der Zwischenmiete fand. Eine wunderbare dritte Etage in einem ruhigen Wohnviertel im Grünen mit großem Wohnzimmer und Balkon, Einbauküche, drei Schlafzimmern und Waldblick. Die Wohnung war leer, und wir hatten nichts, was wir hätten hineinstellen können. Aus unserer aufgelösten Mietwohnung in Lissabon und unserer Ferienwohnung an der Algarve hatten wir nichts mit nach Deutschland gebracht. Aber nach drei Fahrten in ein internationales Möbelhaus und mehreren Wochenenden masochistischen Schraubens waren wir eingerichtet.

»Mensch, da hast du aber Glück gehabt«, sagte Kirsten. »Desenrascar« heißt das auf Portugiesisch. Es ist eine Landeskunst, auf die Portugiesen sehr stolz sind. Der Ausdruck bedeutet in etwa: trotz selbstverschuldeter mangelnder Planung ein Problem zur allgemeinen und eigenen Überraschung gerade noch rechtzeitig vor Ablauf einer knappen Frist lösen. Dies gelingt den Portugiesen dank eines festen Glaubens an die Fügung der Dinge und an die heilige Improvisation. Die einzigartige Kunst des »Desenrascar« wird von den Portugiesen regelmäßig in Leitartikeln analysiert und täglich tausendfach im ganzen Land angewandt, von der Staatsfinanzierung bis zum Städtebau, vom Workflow in einem Krankenhaus bis zur Organisation eines internationalen Events. Sie erklärt einiges im Land. Unter anderem, warum Portugiesen mit einer Rolle Tesafilm, was ich persönlich bezeugen kann, vom Röntgengerät bis zur zerbrochenen Heckscheibe eines Autos alles reparieren können.

Sechs Monate später in einer Heidenheimer Bäckerei, zweieinhalbtausend Kilometer, vier Menschenleben auf den Kopf gestellt, und ich kam nicht los von meinem Land. Maria, Sofia, meine Frau Alexandra und ich, wir waren alle zusammengeblieben. Die ganze Zeit. Die Wirtschafts- und Bankenkrise in Portugal, im westlichsten Land Europas, hatte mich ausgetrickst und einen roten Strich durch alle meine Rechnungen und Zukunftsperspektiven gemacht. Wir hatten unser Portugal und unsere Iberische Halbinsel verlassen. Das Streben nach Sicherheit für die Kinder hatte uns nach Deutschland gebracht, sozusagen – wir waren im Schwabenland gelandet.

Früh hatte sich das Heimweh eingeschlichen und nagte an meinen Nerven. Jeden Morgen schleppte ich mich von der neuen Wohnung in Deutschland in ein deutsches Büro. Es war mein erster Job in Deutschland, Schreibkraft in einer Werbeagentur, in der es für einen Vielschreiber sehr wenig zu tun gab. Das Sprachzentrum dachte jetzt die täglichen acht Stunden, die ich am Schreibtisch absitzen musste, auf Deutsch und gab deutsche Befehle, die meine Finger auf der deutschen Tastatur hämmerten. Die Seele war weit weg. Im Süden war jede neue berufliche Aufgabe immer auch eine menschliche Begegnung gewesen, jeder Gesprächspartner war lebendig und laut, gestikulierte, fragte nach meinen Kindern oder dem Wochenende, berührte meine Schulter oder meine Hand, nahm mich am Arm, lachte oder schimpfte gegen Gott und die Welt. In Heidenheim empfand ich die Menschen im Büro als trist und grau, routiniert, desinteressiert, ihr Lächeln wirkte aufgezwungen und aufgesetzt, Gefühle schienen ihnen verpönt.

Jeden Morgen setzte ich meine Schritte mit Bedacht auf dem steilen Feldweg ins Tal. In der Weite bildeten sich über den Wohnhäusern Heidenheims kerzengerade weiße Rauchsäulen. Das war mein morgendlicher Weg zur Arbeit: 30 Minuten durch den Wald, den Galgenberg hinunter, auf einer Fußgängerbrücke über den kleinen Fluss, die in einem Kanal eingepferchte Brenz, bis zu einem ehemaligen Industriegebäude aus dem 19. Jahrhundert, wo mein Schreibtisch wie eine dunkle Wolke auf mich wartete. Meine Arbeit bestand darin, täglich für einen Journalisten nichtssagende Texte zu schreiben, die wie Blei auf meinem Gemüt lasteten.

In drei Kilometern Entfernung strotzte Schloss Hellenstein imposant wie eine übergroße Scheune über der tiefgelegenen Innenstadt Heidenheims. In der gleichen Richtung qualmen die Anlagen eines großen Industrieunternehmens mitten im Stadtgebiet, überall in und um Heidenheim mittelgroße und kleine Betriebe. Im Zentrum waren der Lkw-Verkehr und die Luftqualität selbst für einen Großstädter gewöhnungsbedürftig.

Bis auf den Verkehr und die Abgase mitten in der Stadt, Zeichen für Hochbetrieb, Exportkapazität und Wohlstand der Region, war alles so schön wie die Poster an den Wänden des lokalen Fremdenverkehrsbüros – ein Wort, das viel über die lokale Gastfreundlichkeit sagt.

Ich stellte mir einen Fragebogen des statistischen Landesamtes vor. »Haben Sie in den letzten sechs Monaten privat oder beruflich mit Fremden verkehrt?« Wenige Tage zuvor hatte ich in unserer neuen Wohnung ähnlich absurde Fragen beantworten müssen. Ein Mann, der wie der pensionierte Polizeibeamte in einem deutschen Fernsehfilm aussah, hatte sein Laptop im Wohnzimmer auf unserem Esstisch aufgemacht und trug mit fleißigen, aber etwas ungeschickten Fingern meine Antworten in einen Fragebogen des statistischen Landesamtes ein. Ich war perplex, was man alles von mir wissen wollte. Der Vollstrecker des statistischen Landesamtes Baden-Württemberg, der im Nachbarhaus wohnte, fuhr wie eine Dampfwalze über mein Leben. Schön, dass der Staat oder das Land so viel über ihre Bürger wissen dürfen, eventuell kann daraus die Anzahl der benötigten Kita- oder Friedhofsplätze ermittelt werden. In Lissabon hätte ich einen derart subversiven Agenten der Staatsmacht hochkant aus der Wohnung hinauskomplimentiert oder fünf Euro in die Hand gedrückt – damit er die Daten im Café nebenan nach eigener Kreativität einträgt. Südeuropäer lügen spontan, wenn der Staat etwas von ihnen wissen will.

Es ist ein bekanntes Gefühl für die meisten Reisenden und Urlauber, die sich bemühen, etwas über das Land, das sie bereisen, zu erfahren: Ich schaue aus dem Fenster des Mietwagens, des Taxis oder des Busses, über die Reling des Vaporetto, die Ohren des Kamels, den Rand des Weinglases oder des Tellers irgendeiner dampfenden Grütze, sitze in einem Lokal, schaue mich um und denke: Wie mag es sein, hier zu leben, hier zu Hause zu sein, ein Einheimischer unter Einheimischen? Wie fühlt sich diese Stadt an, wenn sie unser Lebensmittelpunkt ist und nicht nur eine Station auf der Durchreise, eine Liege am Pool, ein Arbeitsplatz oder eine Adresse auf Zeit, eine kurzlebige Affäre?

Vielen Städten bin ich sehr nahe gekommen, anderen für Augenblicke gänzlich verfallen. In Iquitos, Harare oder Goa redete ich zumindest eine der Landessprachen so gut wie die Einheimischen, in London oder Sankt Petersburg war ich Gast bei einheimischen Freunden, in Istanbul oder New York mit dort lebenden Bekannten und Kollegen unterwegs. Aber sosehr ich diese Städte bewunderte, ich war nicht eine Stunde lang ein Indio in Iquitos oder Inder in Mumbai geworden, habe nie gefühlt wie ein Amerikaner oder Engländer, sosehr ich im Central Park joggte oder in Portobello Tee trank. Ich war immer nur Beobachter, ein Reisender – manchmal, mit Glück, ein Genießer.

Man kann nur eine Stadt im Herzen haben, der Satz ging mir nicht aus dem Kopf. Leise hatte die afrikanische Fadosängerin im verrauchten Lokal im Bairro Alto auf einem der vielen Hügel Lissabons gesungen. Wann immer ich in Lissabon lande und durch die labyrinthischen Gänge des fürchterlich schlecht organisierten Flughafens irre – eine Warnung an den Reisenden vor dem, was ihn in der Stadt erst erwartet –, instinktiv den Weg finde, am Schalter den Schlüssel des Mietwagens abhole, wenn mich Gesichter anlächeln oder nur beäugen oder etwas flüstern, und ich verstehe es auf Anhieb, dann spüre ich es. Ich bin zu Hause. Sooft ich komme und gehe, sooft ich wiederkehrte, es bleibt mein Zuhause.

Jeden Tag holt mich die südländische Vergangenheit ein. Einmal ist es ein unerwarteter Anruf meiner 92-jährigen Großmutter aus der Algarve, eine Kurznachricht in der Zeitung oder eine E-Mail. Im November 2013 war es Fernando Alvim, ein portugiesischer Radio- und TV-Moderator. Er rief mich in Heidenheim an. Er wolle mich zu einer Konferenz in Lissabon einladen. Ich erklärte ihm, dass ich nun 2500 Kilometer von Lissabon entfernt lebte. Er bat mich um eine Video-Botschaft mit einigen Gedanken zu Portugal, »zur Krise und wie wir da wieder herauskommen«. In der Mittagspause nahm ich im Stadtpark Heidenheims ein kurzes Video auf, das Fernando eine Woche später im portugiesischen Fernsehen sendete.

Hinter mir der gefrorene See des Brenzparks. »Hallo, Fernando Alvim, danke für die Einladung.« Wir alle wüssten, wie katastrophal die Situation im Süden sei. Eine Durststrecke ohne absehbares Ende. Kaum Arbeit, niedrigste Gehälter, keine Aussicht auf Besserung. Um sich finanziell über Wasser zu halten, setzten die Regierungen in Madrid und Lissabon gezielt auf die Auswanderungswelle ihrer Arbeitslosen ins Ausland, spornten die jungen Menschen an, ihr Land zu verlassen. Sie bemühten sich um internationale Investoren, die derzeit Europas größte Kasinos bauen oder Naturschutzgebiete betonieren wollten. Die iberischen Regierungen verschachern das Tafelsilber, lassen die Korruption walten, kürzen lebensbedrohlich die Renten und öffentlichen Ausgaben in Bildung, Gesundheit und Justiz. Ich versuchte, auch etwas Positives zu vermitteln. Die Arbeitsmentalität müsse sich ändern. Die Menschen dürften nicht aufgeben, sie müssten weitermachen. Ich glaubte selber nicht daran.

Hatte ich es mir nicht zu leicht gemacht? War ich nicht einfach mit dem deutschen Pass in der Tasche davongelaufen? Ich dachte an die Menschen, die in Müllcontainern vor den Supermärkten nach Lebensmitteln wühlten, an die Nachbarn, deren Kinder abends nichts zu essen hatten. Nach fünf Minuten schaltete ich die Kamera aus. Ich hatte mein Land im Stich gelassen. Mir war schlecht.

Ich war natürlich nicht der Einzige, der aus dem Süden nach Deutschland gezogen war. Fast einhunderttausend Südeuropäer kamen allein im Jahre 2013. Kaum einer hat freiwillig sein Land verlassen. Wie das steinerne Floß in José Saramagos gleichnamigem Roman driftete die Iberische Halbinsel seit Beginn der Krise vom europäischen Festland ab. In Spanien und Portugal suchten gut ausgebildete, aber orientierungslose Generationen einen Ausweg. Die Krise zerrte zu lange an den Ankertauen. Der Süden treibt in Armut und Bitterkeit. Das Leben der meisten meiner Landsleute in Portugal hatte starke Schlagseite bekommen. Wer konnte, verließ das Floß.

KAPITEL 2

Leben in Lissabon

LISSABON, MAI 1994. Im Ausstellungsraum in Lissabon stand mein Großvater mit teils militärischer, teils altersbedingter Steifheit vor den Schwarzweißfotografien der Ausstellung, die ich als freier Mitarbeiter der Programmabteilung des Goethe-Instituts mit organisiert hatte. Unsere braungebrannten Gesichter spiegelten sich im Glas des hohen Schaukastens. Ich staunte, wie ähnlich wir uns sahen, und schaute ihn von der Seite an. Seine Augen glänzten. Einmal war meine jüngere Schwester mit einem vergilbten Foto in der Hand zu mir gekommen: »Als was hast du dich hier verkleidet?« Es war das Bild eines Mannes in Uniform, ein Monokel im linken Auge. Er hatte mein Gesicht. Ich bin eine physiognomische Neuauflage des portugiesischen Majors der Armee João Vieira Branco, meines Großvaters mütterlicherseits, und habe wenig äußerliche Ähnlichkeit mit meinen anderen Großeltern, den böhmischen Siwy, katalanisch-schwäbischen Piñol-Henzler oder den aus Schlesien geflüchteten Szymanski.

Die Reibungsflächen und das Konfliktpotenzial zwischen der deutschen und der südeuropäischen Kultur kannte ich – von klein auf – aus meiner eigenen Familie: Mein portugiesischer Großvater João hatte eine deutsche Frau und einen deutschen Schwiegervater, die am anderen Ende seines sehr emotionalen Spektrums fühlten und dachten. Zwischen mir und meinem sehr deutschen Vater war es ähnlich gewesen.

Recht des Blutes, der germanischen Jus Sanguinis, bin ich Deutscher. Beim Film würde man wahrscheinlich von einer Fehlbesetzung sprechen. Ich bin in Faro, der Hauptstadt der Algarve, geboren und war nie ganz freiwillig mit der Familie nach Deutschland emigriert, weder in den 70ern noch letztes Jahr.

Nach dem Abitur in Bochum und einigen Monaten als Indienreisender war Deutschland eine Enttäuschung. Ich hatte in Chennai und Delhi bei zwei indischen Familien ein paar Monate verbracht, es waren Korkindustrielle und Geschäftsfreunde meines Vaters. Dann war ich allein durch den Subkontinent gereist. Als ich zurückkam, auf der Zugfahrt von Frankfurt Richtung meiner damaligen Heimatstadt, Bochum, erschien die an mir vorbeiziehende Landschaft am Rhein, die grünen Hügel, Schlösser und Wälder, wie Bilder einer auf Kitsch spezialisierten Galerie. Deutschland hatte auf mich die Wirkung einer künstlichen Landschaft, um mich herum saßen steife Statisten.

Ich besann mich auf meine iberischen Wurzeln und saß Ende des Jahres 1989, nach einigen Monaten der Untätigkeit und sporadisch besuchten Vorlesungen an der Uni, im Sud Expresso nach Lissabon mit einem Handkoffer im Abteil und einem Fahrrad im Gepäckwagen. Auf Nimmerwiedersehen Deutschland, dachte ich Nachdem ich beruflich in Portugal Fuß gefasst hatte, strafte ich die deutsche Sprache, die ich so mühsam erlernt hatte, mit 15 Jahren Vergessen.

Lissabon war für mich die Traumstadt, in der alles möglich schien. In Madrid und in Sevilla verbrachte ich viele Wochenenden mit Freunden und Kollegen, besuchte Modenschauen, ARCO, die Kunstmesse oder kaufte ganze Schinken für die Familienfeiern an der Algarve. Madrid war eine vielschichtige Movida, eine kulturelle Bewegung, gesellschaftliche Umwälzung und späte Befreiung aus der Mottenkiste des Franco-Regimes. Die Chueca, nach Federico Chueca, dem Zarzuela-Komponisten, war eine willkommene Variante zum Bairro Alto in Lissabon, ein verrücktes, grelles Nachtviertel nördlich der Madrider Altstadt, in dem es alles gab, vom militanten Guerilla-Tanz-Club bis zum kleinen Geschäft mit hausgemachten Marmeladen und einem Hinterhof für Marihuana-Kiffer.

Beide Länder waren erst 1986, drei Jahre vor meiner Ankunft in Lissabon, der Europäischen Gemeinschaft beigetreten, die Milliarden flossen aus Brüssel und es wurden immer mehr. Die großen Fehlinvestitionen und die Verschwendungsparty, die »Festa« auf Portugiesisch oder »Fiesta« auf Spanisch, sollten ein Vierteljahrhundert andauern. Später kamen der Euro und die Niedrigzinsen dazu. Es flossen unerschöpflich Geld und Kredite aus der Brüsseler Pipeline und den deutschen Banken, die die iberischen Staaten und Kreditinstitute versorgten.

Die Löhne stiegen nach vielen Jahren wieder in Portugal und Spanien, nicht in schwindelerregende Höhen, aber aus den Niedrigstlohnländern wurden Niedriglohnländer, und es reichte für die Illusion des stetigen und grenzenlosen Wachstums. Es gab spottbillige Bankkredite für alles Erdenkliche. Die Banken fingen an, die politischen Kreise zu dominieren, demontierten die Befugnisse ihrer Aufsichtsbehörden, entzogen sich der staatlichen Autorität, machten sich die mangelnde finanzielle Vorbereitung der Menschen geschäftstüchtig zu Nutze und zwangen ihre »Produkte« durch massive Werbung rund um die Uhr auf. Die Massenverschuldung, Banken- und Staatspleiten waren langfristig absehbar. Doch niemand wollte sich die Partystimmung verderben lassen, kaum jemand hörte auf die Propheten des Untergangs.

Mädchen und Jungen aus der Provinz konnten erstmalig studieren. Überall entstanden »Zweigstellen« der neugegründeten privaten Hochschulen. Mit einer einzigen Wanderbibliothek und oft denselben Professoren erfüllten drei verschiedene Hochschulen in den 80ern die Bedingungen des Bildungsministeriums in Lissabon und konnten den Betrieb aufnehmen. Es wurden von den privaten Anbietern vor allem Hochschulkurse angeboten, die keine größeren Investitionen voraussetzen. Die »Lápis e Sebenta«-(»Bleistift und Notizheft«-)Studiengänge führten zu einer Soziologen-, Anthropologen-, Philosophen- und Juristenschwemme in einem Land, in dem ausgebildete Klempner und Landwirte fehlten.

Alle konnten sich ab den 90ern Eigentumswohnungen und Urlaub auf Pump kaufen, mit Krediten alle paar Jahre ein neues Auto leisten und auf den neu erbauten, heute wegen der Mautgebühren fast leeren Autobahnen Gas geben. Die alten Eliten, dachten die Optimisten, waren eine durch die aufsteigenden Massen bedrohte Sippe.

Manuel Sousa und ich zogen 1994 oft gemeinsam durch die Lissabonner Nacht und unterhielten uns, bis wir volltrunken waren. Er war noch keine dreißig, Rechtsanwalt, juristischer Berater der Regierung und hatte einen Wagen mit Chauffeur aus dem riesigen staatlichen Fuhrpark, der ihn jeden Morgen zu Hause abholte. Nebenbei war er Dozent an der öffentlichen Universidade de Lisboa und lehrte noch an zwei anderen privaten Universitäten.

Manuel und ich hatten uns in einem Bürgerrechtsverein kennengelernt und angefreundet. Der Verein, der die Verteidigung der bürgerlichen Freiheiten gegenüber dem Staat zum Ziel hatte, war, was ich damals nicht verstand, eine von einem reichen Bankenanwalt, der später zum Minister avancierte, finanzierte Lobby unter dem Deckmantel einer Nicht-Regierungsorganisation (zwei weitere Gründungsmitglieder brachten es zu Staatssekretären).

Wenn wir uns trafen, berichtete Manuel oft über seine Jura-Studenten. »Ich muss ihnen das Grundgesetz erklären, und die meisten beherrschen nicht die elementaren Grammatik- und Rechtschreiberegeln.« Später am Abend erzählte er von den Machenschaften der privaten Universitäten. Manuel redete auch im fortgeschritten alkoholisierten Zustand druckreif.

»In ihrer Essenz sind die privaten Unis Geldmachmaschinen, die auf niedrigstem Qualitätsniveau funktionieren. Sie nehmen den Eltern das Geld aus der Tasche und drücken jährlich tausenden von Halbanalphabeten als Gegenleistung ein Hochschuldiplom in die Hand.« An einer solchen Universität studierte, wenn man es so nennen kann, der ehemalige portugiesische Regierungschef José Sócrates. Aus seinem Semester kann sich niemand an ihn erinnern. Er war während seiner Pseudostudienzeit bereits Staatssekretär, und sein Hochschuldiplom wurde, wie es sich später herausstellte, an einem Sonntag im Universitätssekretariat unterschrieben und abgestempelt (die Privatuni wurde wegen anderer illegaler Tätigkeiten geschlossen).

Ähnliche »akademische« Schnelllaufbahnen machten viele andere Minister, Staatssekretäre und Karrieristen der Zentrumsparteien, nachdem das Hochschulsystem in Portugal privatisiert worden war. Und so wie sie »studierte«, machte diese neue Politikergeneration im Regierungsumfeld auch ihre privaten Geschäfte mit dem Staat: Ziel war die schnellstmögliche persönliche Bereicherung, als gäbe es kein Morgen.

Wenn ich mit meinen Kollegen sprach, gab es ständig neue Geschichten: der Innenminister, der bei einem bekannten Juwelier in der Lissabonner Innenstadt regelmäßig Schmuck mit gebündelten Geldscheinen bezahlte. Der Verteidigungsminister, dessen Geschäftspartner aus Deutschland wegen Bestechung verurteilt wurden, während er der Justiz mit immer neuen Finten ausweichen konnte. Der Staatschef, der von den Aktiengeschäften einer kriminellen Bank profitierte. Oder der Finanzminister, der den Fiskus meistbietend als Privatarmee einsetzte, um Konkurrenten auszuschalten.

Diese Stories wurden entweder gar nicht veröffentlicht oder beschränkten sich auf eine einmalige Erscheinung in einer Zeitung, die ohnehin viel zu wenig Leser und Einfluss hatte, um irgendetwas zu bewirken. Auch die renommiertesten Zeitungen Portugals wie der *Público* oder die auflagenstärkste *Correio da Manhã* haben nur eine sehr geringfügige Reichweite. Anderes als in Deutschland, wo ein *Spiegel* oder eine *Bild* genug Macht haben, um einen Toppolitiker zu verschleißen, ist die klassische Presse in Portugal praktisch impotent.

Die ausufernde Korruption der neuen Politikergeneration in den letzten zehn Jahren gesellte sich zu der Selbstbedienungsmentalität der alten Eliten ab 1986. Das vor dem Hintergrund der Machtlosigkeit der Presse bildete einen soliden Grundstein für die Krise.

Im Jahr, als Lissabon sich als Europäische Kulturhauptstadt zelebrierte, 1994, arbeitete ich morgens in der Bürgerinitiative des Bankenanwalts und nachmittags im Goethe-Institut, nur nebenbei schrieb ich sporadische Artikel für Zeitschriften oder machte Reportagen für deutsche und portugiesische Sender. Ein Jahr später, 1995, hatte ich genug von der steifen deutschen Clique des Goethe-Instituts und den Lobbyisten des »Bürgerrechtsvereins« und beschloss, mich fortan ganz dem Journalismus zu widmen. Ich fing ein Volontariat in der Wirtschaftswochenzeitung *Semanário Económico* an und stockte meine Einnahmen als Producer für deutsche TV-Produktionen auf.

Dem Journalismus, in all seinen Facetten vom Reporter bis zum Kolumnisten, sollte ich zwei Jahrzehnte lang bis zu meiner Rückkehr nach Deutschland erhalten bleiben.

Es war eine tolle Zeit für Portugal. Die Jugend feierte die Jahre durch. Die Regierungen regierten im Vollrausch. Auch ich lebte in vollen Zügen, verkehrte in den besten Kreisen, Gassen und Gossen Lissabons. Doch als Wirtschaftsjournalist behielt ich trotz des Enthusiasmus immer einen Finger am Puls des Landes. Ich sprach mit Bankern und Textilarbeitern, las die deutsche Presse und wusste, wie die Wirtschaft in stabileren Ländern stand, wie die Immobilienpreise, die Reformen oder die Finanzsituation anderer Länder sich entwickelten. Es war deutlich zu sehen: Portugal steuerte auf einen Abgrund zu. Aber wir hatten alle einen Heidenspaß.

Als Sitz der Europäischen Kulturhauptstadt tat Portugal, was es am besten kann. Es organisierte ein großes Feuerwerk. Lissabon ließ die baufälligen Häuser im Zentrum weder renovieren noch abreißen – stattdessen wurden die Fassaden verputzt und in bunten Farben angestrichen (eine Architektenkommission hatte monatelang recherchiert, welche Farbtöne dem ursprünglichen Anstrich der Häuser im 18. und 19. Jahrhundert entsprachen). Der portugiesische Staat wandte seine altbewährte Strategie an. Er improvisierte und gab ohne jeglichen Plan Milliarden aus.

Geld spielte keine Rolle. Pina Bausch und Peter Handke wurde in Lissabon aufgeführt. Handkes Freund Wim Wenders drehte auf Bestellung den Film Lisbon Story, ein Portugal-Trip mit sehnsüchtig-melancholischen Portugiesen, den obligatorischen Eselskarren, gelben Straßenbahnen, alles untermalt von herzzerreißender Musik. Eine Hommage an die Stadt Lissabon, in der Klischees nicht einfallslos zerpflückt, sondern zu einem großen, schönen Blumenstrauß gebunden wurden. Ich saß bei der Uraufführung im Cinema Tivoli an der Avenida da Liberdade eine Reihe hinter Wim Wenders und fühlte beklemmende Fremdscham. Ich bekam Lust, ein Drehbuch mit dem Arbeitstitel Berlin Story zu schreiben. Ein Film mit schönen Mädchen, die im Abendlicht unter Laternen singen, Armeeoffizieren in schneidigen Uniformen, rothaarigen Punks am Bahnhof Zoo und einer imposanten Alpenkulisse hinter dem Brandenburger Tor.

Vor einigen Jahren traf ich mich mit meinem deutschen Cousin Christian in Lissabon. Er lebte damals in Frankfurt und war zu einem Ärztekongress nach Portugal gekommen. Wir verabredeten uns in seinem Hotel. Dann liefen wir gemächlich durch halb Lissabon zum Clube de Jornalistas, im alten Wohnbezirk Lapa, wo sich die alten Häuser steil an einem Hügel über dem Fluss aneinanderreihen, so steil, dass es schwierig ist, die Bürgersteige zu Fuß zu erklimmen.

Ich hatte einen Tisch reserviert. Als wir ankamen, war es noch zu früh, und die Tür war noch geschlossen. Wir zogen weiter. Zwei Straßen weiter stand eine Frau an der Tür eines anderen Restaurants und stellte ein Plakat mit der Abendkarte auf. »Guten Abend, haben Sie schon auf?«, fragte ich. »Nein, aber es dauert sicherlich nicht mehr lange, meine Kollegen machen schon alles fertig, und der Chef ist auch schon in der Küche«, sie lächelte. Wir unterhielten uns kurz, ich erklärte ihr, dass ich bereits woanders reserviert hatte. Mein Cousin, der kein Wort Portugiesisch versteht, fragte mich: »Kennt ihr euch?« »Nein«, antwortete ich.

»Sie hat mir nur gerade gesagt, dass sie zwar auch noch geschlossen haben, aber dass wir hineingehen können. Ihr Kollege ist schon vorne an der Bar.« Am Eingang war der Vorraum, in dem man einen Aperitif bestellen konnte, hinten sah man einen großen leeren Saal mit vielen Tischen und einem großen Fenster zum Hinterhof. Ich grüßte den Mann, der mit Gläsern hantierte, und fragte, ob wir etwas trinken könnten. »Darf es etwas Flüssiges sein?«, fragte er. »Ja, ich bestehe darauf, aber rot bitte.« Wir lachten beide, und er schenkte uns zwei Gläser vom Hauswein ein. »Der ist aus dem Alentejo«, sagte er. Wir tauschten uns kurz über die neuen Alentejo-Weine aus.

»Aber ihn kennst du?«, fragte mein Cousin. Nein, antwortete ich. Christian und ich unterhielten uns eine Weile, er erzählte mir von seiner neuen Arbeitsstelle. Dann schaute ich auf die Uhr und fragte nach der Rechnung. Der Mann winkte großzügig ab. »Der Wein geht auf Kosten des Hauses, wir haben ja noch zu. Der ist doch gut, oder?« »Sehr gut«, sagte ich und bedankte mich. Christian fragte nun mich nach der Rechnung. Ich sagte ihm, es sei schon geregelt, ein Geschenk des Hauses. Auf dem Weg zurück zum Journalisten-Klub fragte mich mein Cousin: »Sag mal ehrlich, Miguel, du kanntest die beiden doch, oder nicht?« Ich lachte und beteuerte, dass ich sie nicht kannte. Christian war glücklich. An einer hohen weißgetünchten Mauer sprang er hoch und riss zwei ovale gelborangene Früchte von den Zweigen eines Baumes. »Mispeln«, sagte ich, »die sind reif, du kannst sie essen.«

Während der 24 Jahre im Süden, wann immer es mir in Portugal oder Spanien zu bunt, zu laut und zu grell wurde, brauchte ich, um mich wieder mit dem Chaos zu versöhnen, nur an die täglichen Erfahrungen meiner Jugend in Deutschland zu denken, die gegenseitige Kontrollsucht und die zwischenmenschliche Zurückhaltung. Die Nachbarn, die an einem Samstagnachmittag an die Tür klopfen, weil die Musik nicht auf »Zimmerlautstärke ist« und die »Kinder bitte nicht so laut sein sollen« – früher waren meine Geschwister und ich die Kinder, heute sind es meine Töchter.

Die Verbotsschilder an den Spielplätzen oder Supermärkten, die auf großen Plakaten illustrieren, was ein Mensch alles nicht machen darf. Die Meldepflicht unter Strafandrohung, die Nachbarin, die das Fenster aufmacht und schimpft, weil ich den Müll 15 Minuten zu früh in den Container werfe. Die verhaltene gastronomische Kultur (warum bringt niemand ein Stück Brot oder ein paar Oliven, während ich warte?), die fast plastische Unfreundlichkeit und latente Aggressivität, wenn man als Fremder abends in eine Kneipe von der Seite angeschaut oder direkt angepöbelt wird. Wenn ich in Spanien oder Portugal in ein Lokal gehe, schaue ich, ob Freunde da sind oder nach Kunden, mit denen ich ins Gespräch kommen kann.

Wenn Südeuropäer sich im öffentlichen Raum begegnen, ob mit oder ohne Krise, sehen sie sich in erster Linie als Leidensgenossen. Sie neigen dazu, ihre Gefühle zu zeigen und sich mit Worten gegenseitig über die Unzulänglichkeiten der menschlichen Existenz – sei es in der Form von Preissteigerungen, Nieselregens, mangelnder Sitzplätze oder langer Wartezeiten – auszutauschen und hinwegzutrösten. Das fehlende Lächeln auf den Gesichtern, die ich in Deutschland sehe, die mangelnde Gesprächsbereitschaft, das Desinteresse der Menschen für das, was sie nicht direkt betrifft, die Verbissenheit – sei es an der Kasse im Geschäft, beim Arzt oder im Büro – setzen mir zu.

Trotz der Sicherheit für meine Töchter, die Deutschland bietet, der ausgezeichneten gesundheitlichen Versorgung und exzellenten Schulen (so anders als die Asbestbaracken mit unterbezahlten und unmotivierten Lehrern in Portugal) fühle ich mich hier oft wie ein Fremder im Exil. Ich hoffe, Maria und Sofia, die jetzt vier und sechs Jahre alt sind, beherrschen diese Gratwanderung zwischen emotionalen Kulturen eines Tages besser als ich in meiner rein südländischen Empfindsamkeit.

Dabei habe ich es noch gut, denn ich kann das deutsche Verhalten zumindest entziffern. Guida und Rui, zwei Freunde, die dieses Jahr im April Berlin besucht haben, waren schockiert, wie unfreundlich – aus südeuropäischer Perspektive – sie in Geschäften und in Gaststätten behandelt wurden. »Wir waren in einem Hotel am Alexanderplatz und viel in der ehemaligen Ostzone, wahrscheinlich waren es noch alles Menschen aus der DDR.« Ich nickte mit dem Kopf und ließ sie in ihrem Glauben.

Am Warenschalter im Möbelhaus in Ulm oder in der Bäckerei in Heidenheim – schon mehrmals haben mich Mitmenschen in Deutschland in einer alles andere als freundlichen Manier gebeten, Abstand von ihnen zu wahren. Ich war vielleicht knapp einen Meter hinter oder neben ihnen und hatte die gelbe Linie am Boden nicht bemerkt oder stand mit der Ferse auf ihr.

Diskretionsabstand: Ich habe kein intensives Rasierwasser und esse kaum Knoblauch in Deutschland. Ich dusche jeden Morgen. Ich empfinde es als demütigend, darauf aufmerksam gemacht zu werden, dass ich meinem Nächsten zu nahe stehe.

Auf einen normierten Diskretionsabstand zu bestehen bedeutet für mich, der Nächste sei ein potenzieller Verbrecher oder ein Krankheitserreger. So denkt im Süden nur das tropische Seuchenamt oder der Staat über seine Bürger. Menschen dagegen vertrauen einander spontan. In Deutschland scheint es umgekehrt zu sein. Im Vergleich zum Süden behandelt der deutsche Staat die Menschen wie mündige Bürger. In Deutschland reicht dem Staat meine Unterschrift, um meine Aussagen glaubwürdig zu machen. Im Süden brauche ich mindestens zwei offizielle Dokumente und drei Stempel, weil die staatlichen Autoritäten den Bürgern systematisch misstrauen. Aber die Menschen stehen sich nahe und niemand stört sich daran. Ich darf die Hand eines Gesprächspartners berühren, ohne dass jemand denkt, ich wollte seine Armbanduhr klauen und einem Kind durch die Haare fahren, ohne als Pädophiler zu gelten.

Statt eines genuschelten »Moin« oder der Befehlsform »Grüß Gott« bleiben die Menschen in Spanien oder Portugal stehen, wenn sie sich grüßen. Sie schauen sich in die Augen. Sie fragen nach den Kindern, nach der kranken Tante, machen sich ein ge-

genseitiges Kompliment, küssen und drücken sich kurz, berühren sich am Oberarm, verabreden ein gemeinsames Mittagessen oder die Tage einmal einen Kaffee zu trinken – auch wenn man dann jahrelang nicht dazu kommt, einen konkreten Termin zu vereinbaren.

Gute Freunde sind überall gleich, ob in Lissabon, Berlin, Moskau oder Ulan Bator. Ich habe einen Jugendfreund in Berlin und einen in Lissabon. Zufällig heißen beide wie ich: Miguel und Michael. Miguel, der Sohn einer wohlhabenden Familie, lebt allein und arbeitet nicht, weil er nicht arbeiten muss. Das war auch vor der Krise so. Michael ist ein Lebenskünstler, der seinen biologischen Vater nie kennengelernt, Heime von innen gesehen und seine eigene Familie und ein erfolgreiches Filmdienstleistungsunternehmen gegründet hat. Am Atlantik oder an der Spree, Freunde sind wie Familie, nur dass man sie aussuchen und im schlimmsten Fall aufgeben kann.

Die Frage ist nicht, wie der Umgang unter Freunden ist. Der unterscheidet sich wenig im Süden oder Norden. Die Frage ist, wie die anderen Menschen, die sich nicht so nahe sind, miteinander verkehren, wenn sie sich begegnen, was sie miteinander teilen.

Deutschland kann einiges vom Süden lernen. Ich kenne viele Deutsche, die die mediterrane Kultur idealisieren, die in den Ferien mehr möchten, als billiges Bier trinken und sich langustenrot sonnen. Sie suchen eine Menschlichkeit, die ihnen in ihrem deutschen Alltag fehlt.

Dieses Ideal aus den mediterranen Ländern, wo Zitronen- und Mandelbäume blühen, wird heute noch von den Großfamilien im Süden verkörpert, die unter der mit Reben berankten Laube oder unter der schattigen Bougainvillea gemeinsam ihre Mahlzeiten einnehmen. Ja, es gibt sie. Ich hatte – trotz der deutschen Gene im Familienbuch – das Glück, in einer solchen Großfamilie aufzuwachsen.

Die Freunde, die sich abends spontan treffen und stundenlang auf der Straße, am Strand, im Chiado in Lissabon, in der Chueca in Madrid oder in einem Park in Sevilla miteinander reden, lachen und trinken. Die Tische, die zusammengerückt werden, weil Bekannte sich zufällig im selben Lokal getroffen haben. Das sind meine Freunde, meine Bekannte. Die Gäste im Café, die sich miteinander unterhalten, ohne sich vorher zu kennen. Das sind meine Gesprächspartner am Nebentisch.

Dazu braucht man nicht das Meer, eine Orangenplantage oder ein Café am Hafen. Das Wohnzimmer in einer heruntergekommenen Dreizimmerwohnung ohne Zentralheizung in einem grauen Hochhaus in einer Lissabonner Vorstadt wird warm, wenn man den alten Kollegen in die Arme drückt, seine Frau herzlich lacht, die Kinder während des Essens unter dem Tisch herumkrabbeln, dann noch ein Nachbar anklingelt, eine Wurst und einen besonderen Wein dabeihat und die Gespräche kein Ende nehmen. Das passiert in dem Land, wo die Leute nicht sauer sind wie Zitronen.

Das zurückhaltende Verhältnis zu Menschen, die nicht zum Freundeskreis oder der eigenen Zunft gehören, ist das, was den meisten Einwanderern aus Südeuropa in Deutschland zu schaffen macht. Die oft unterkühlte, skeptische Haltung untereinander ist womöglich ein kulturelles Erbe der fragmentierten, germanischen Stammesvielfalt, die sich bis in die moderne Vielstaaterei verlängerte. Caesar und Tacitus listeten immerhin über 300 Stämme von den Adrabäcampen bis zu den Zumern auf. Bis ins späte 18. Jahrhundert gab es fast zweitausend Zollgrenzen innerhalb des Deutschen Reiches. Ein Gütertransport von Königsberg nach Köln wurde mehr als 80-mal einer Zollkontrolle unterzogen.

Der Durchreisende, der Zugezogene in Deutschland war immer auch ein potenzieller Feind, entweder war er kein guter Katholik oder kein guter Protestant. Oder er war Schwabe, Bayer, Preuße oder Jude. Deutsche brauchen keine Muslime oder Ausländer, um fremdenfeindlich zu sein: Die eigenen Landsleute scheinen ihnen zu reichen. Das verstehen die Portugiesen nicht. Die ganz normalen deutschen Umgangsformen vermitteln ihnen den Eindruck, Deutschland hätte etwas gegen sie.

Im Jahr 1994, als ich im Goethe-Institut in Lissabon arbeitete, hatte ich nach fast anderthalb Jahrzehnten in Deutschland eine ganze Gefühlswelt für mich wiederentdeckt. Die Leichtigkeit, mit der man anderen näher kam, die Mädchen und Frauen, die mich offen anlächelten, die Fischverkäuferinnen, die auf den Bordsteinen sitzend Fische am Tejo-Ufer ausnahmen, die alten 180 Mercedes, die die steilen Gassen hochstotterten, der alte Gärtner im Jardim Príncipe Real, der sich zu einem Glas zu mir setzte und Geschichten von früher erzählte, die langen milden Nächte und eine vibrierende Lebensfreude. Und dann der Besuch meines Großvaters in »meiner« Ausstellung. Er hatte mir als Kind immer emotionalen Halt gegeben, wenn ich von meinem Vater Unverständnis zu spüren bekam. Ich denke, er wusste, dass ich so unter den deutschen Eigenarten litt, wie er an der Gefühlskälte seines schwäbischen Schwiegervaters und an der emotionalen Zurückhaltung seiner Frau.

Als mein Großvater João Vieira Branco die Ausstellung und mich in Lissabon besuchte, war ich Mitte zwanzig und mindestens einmal im Monat bei ihm und meiner Großmutter an der Algarve zu Besuch. Aber dass er nach Lissabon kam, war für mich ein besonderes Ereignis. Er hatte früher, als ich ein kleines Kind war, unzählige Aquarien zu Hause gehabt. Damals fuhr ich oft mit ihm im Auto nach Lissabon, wenn er als Oberbürgermeister der Provinzhauptstadt Faro ins Ministerium berufen war. Dann durfte ich mit seinem Chauffeur, Zé-Manel, im Aquaristik-Fachgeschäft auf ihn warten und auf der Rückfahrt nach Faro die Plastikbeutel mit den bunt schillernden, im Wasser schwimmenden Zierfischen zwischen den Rauchwolken seiner Zigarillos bewundern.

Inzwischen war mein Großvater über 80. In der Programmabteilung des Goethe-Instituts hatte ich an einer Ausstellung über deutsche Flüchtlinge zur Zeit des Zweiten Weltkriegs in Portugal mitgewirkt. Ich war stolz auf meine Arbeit und darüber, dass der Großvater mich aus dem 300 Kilometer entfernten Faro in Lissabon besuchen kam. Der Titel der Ausstellung war »Auf der Flucht vor Hitler und dem Holocaust«.

An einer der vielen Ausstellungsvitrinen mit Dokumenten und Fotos blieb mein Großvater länger stehen. Er hielt sich an meinem Arm fest. »Das ist mein Fräulein!«, sagte er. »Wie, Ihr Fräulein, Avô?« (Im Portugiesischen siezt man in vielen Familien heute noch die Eltern und Großeltern.)

Ich bewunderte oft sein Gedächtnis. Er war ein nicht immer diskreter Schürzenjäger gewesen. »Karin. Sie war meine Deutschlehrerin. Als ich in Lissabon an der Militärakademie war.« »Bevor ich deine Großmutter kennenlernte«, ergänzte er. Außer »Achtung« und »Drei Liter« (in seinen Ohren hörte es sich an wie der Hitlergruß) sprach mein Großvater meines Wissens kein Wort Deutsch.

»Viele von uns haben während des Weltkriegs deutsche Flüchtlingskinder aufgenommen«, sagte er. Wahrscheinlich um nicht an das Fräulein zu denken, sprach er von einem Freund, einem Großgrundbesitzer im Alentejo, der nur ein einziges deutsches Wort kannte. Als dieser den deutsch-jüdischen Flüchtlingskindern einen Stierkampf zeigte, drehte er sich immer wieder zu ihnen um und versuchte sie mit einer für die Alentejo-Bewohner typisch langgezogenen Silbe mit Begeisterung anzustecken: »guut«, »guut!«, rief er. Mein Großvater lächelte wieder, als er mir die Geschichte erzählte.

Nach der Ausstellung setzte ich mich mit ihm ins Café des Goethe-Instituts, und er, der alte Rotweinliebhaber, trank mit mir ein frischgezapftes Pils. Ich schaute in das sonnengegerbte Gesicht meines Großvaters und fragte: »Guut?« »Guut!«, sagte er und lachte.

Mein Großvater João heiratete meine deutsche Großmutter, die in den 20er-Jahren mit ihrer Familie an der Algarve lebte, im Jahre 1939. »Hätte ich sie nicht vor Ausbruch des Weltkriegs geheiratet, als sie 17 war, hätten wir gar nicht heiraten dürfen. Als portugiesischer Armeeoffizier durfte ich keine Ausländerin heiraten.« Hätte der Krieg früher angefangen, wäre ich nur Portugiese, sagte ich ihm und lachte. »Oder Sie hätten die Deutschlehrerin, das Fräulein Karin, geheiratet und dann wäre alles gleich gewesen.« Er lächelte etwas abwesend.

Vor 20 Jahren war das Goethe-Institut für die meisten Portugiesen vor allem ein kultureller Treffpunkt mit der deutschen Kultur und nicht wie heute eine Sprachschule, an der junge Menschen im Eiltempo Deutsch lernen, weil sie auswandern müssen, um Arbeit zu suchen oder bereits Arbeitsverträge mit deutschen Unternehmen unterschrieben haben.

KAPITEL 3

Deutsche Wurzeln am Atlantik

Meine Hafenstädte am Atlantik habe ich dreimal unfreiwillig verlassen. Faro, meine Geburtsstadt, Mitte der 70er-Jahre wegen der Revolution und Lissabon mit einer Zwischenstation in Portimão letztes Jahr wegen der Wirtschafts- und Bankenkrise. Zweimal wanderte ich in verschiedenen Phasen meines Lebens nach Deutschland aus. Bis heute habe ich Deutschland nicht ins Herz geschlossen. Nicht die Zeit auf deutschen Schulen – es waren insgesamt vier, eine Grundschule, drei Gymnasien und eine Uni –, nicht den Ordnungstick, den Arbeitskult, nicht die Freizeitriten, das Vereinswesen, das Wetter, nicht das Essen, nicht die emotionale Handbremse in jeder Kurve.

Als die Krise Portugal und Spanien traf, musste ich Ordnung in die Ereignisse meines Lebens bringen und einen Plan entwerfen. Ich musste einen sicheren Hafen für meine Kinder finden und einen Job, mit dem ich langfristig rechnen konnte. Ich und Hunderttausende andere, die allein 2013 vor der Krise aus Südeuropa in alle Welt geflohen sind.

Lissabon war wegen der Angst vor den Folgen der Krise nicht mehr das lockere Pflaster der Avenida da Liberdade, zwischen Gucci und Vuitton, auf dem elegante Frauen auf hohen Absätzen Schwierigkeiten hatten, das Gleichgewicht zu halten. Portugal war nicht mehr das Land der vollen Mega-Einkaufszentren, in denen das Geld um die Wette ausgegeben wurde. Die meisten Menschen wurden von der Krise aus ihrer Balance geworfen.

Immer öfter sah ich mich wegen der extremen von Berlin angeordneten Sparpolitik, die die Iberische Halbinsel ins Elend stürzte, genötigt, Argumente gegen die aufsteigende Deutschland-Feindlichkeit meiner Landsleute zu finden. Ausgerechnet ich, das einzige der fünf Geschwister meiner Eltern, das mit wenig Sympathie und Begeisterung auf seine vergangenen Deutschlanderfahrungen zurückblickt und die zukünftigen gerne abkürzen würde. Wären da nicht meine eigenen Kinder, für die mein Verantwortungssinn eine Zukunftsperspektive verlangt.

Während des gegenwärtigen, existenzbedrohenden Absturzes der Südeuropäer wuchsen die Ressentiments der Portugiesen und Spanier gegen Deutschland und das »Spardiktat« aus Berlin. Deutsche werden heute für jeden einzelnen Arbeitslosen, jeden nicht behandelten Kranken, jedes geschlossene Krankenhaus, jeden geschlossenen Familienbetrieb verantwortlich gemacht. Es war nicht immer so.

Noch vor zehn Jahren, Anfang des neuen Jahrtausends und der Euro-Euphorie, bewunderte fast jeder in meiner südeuropäischen Heimat bedingungslos das große, stabile Deutschland, seine technologischen Errungenschaften, seine internationale Haltung zwischen echter Bescheidenheit und außenpolitischer Contenance, seine Rolle als Lokomotive des Europäischen Zusammenhalts und nicht zuletzt die offenen deutschen Geldhähne, die Milliarden in Bankkrediten und EU-Geldern in den Süden kanalisierten.

Genauso wichtig, wie die gegen Deutschland gerichteten Emotionen der Südeuropäer zu bremsen, ist es, die angekündigte Katastrophe – das Auseinanderbrechen der Europäischen Gemeinschaft – zu verhindern. Darum muss sich vor allem Deutschland bemühen. Portugal und Spanien haben keine Zeit. Sie kämpfen um ihr Überleben.

Die Politik in Berlin wird auf den Cent genau analysiert, wenn es um weitere Kindergelderhöhungen geht. Dass im Süden – von Portugal bis Griechenland – Menschen derzeit wegen der von Deutschland durchgesetzten und volkswirtschaftlich sehr fragwürdigen Austeritätspolitik täglich großes Leid ertragen müssen, wird hier weniger intensiv wahrgenommen als die Problematik der Pkw-Maut auf den Autobahnen oder der Anstieg der Tankstellenpreise kurz vor den Sommerferien. Das schmerzt jeden hier lebenden Südländer.

Oft vergessen die Menschen in Deutschland: Der Anstieg der Steuereinnahmen resultiert aus Deutschlands Exportüberschüssen, die in den letzten Jahren eine immer größere Verschuldung seiner ärmeren Handelspartner in Europa bewirkten.

Die meisten deutschen Touristen in Portugal, Spanien und Griechenland bekommen das Ausmaß des emotionalen Bruches mit dem Süden nicht mit. Sie sehen nicht die Folgen der Krise. Wer innerhalb der deutschen Landesgrenzen verweilt, bekommt noch weniger mit. Verwandte und Freunde aus Hamburg bis München zeigten sich oft erstaunt, wenn sie zufällig einen meiner sporadischen TV- oder Radiokommentare für einen deutschsprachigen Sender hörten. Wenn ich von steigenden Suizidraten, Kinderarbeit und sinkenden Renten und Hungerlöhnen in Portugal berichtete, fanden es einige Bekannte in Deutschland überspitzt. »Warum hört man nichts davon in den Nachrichten?« Welche Nachrichten, fragte ich zurück. »Deine Nachrichten oder meine Nachrichten?«

Seit Anfang 2011 hat sich die Anzahl der Portugiesen verdreifacht, die lediglich den Mindestlohn von 485 Euro pro Monat bekommen, von dem eine Familie kaum überleben kann. Auch wer in Portugal und Spanien noch eine Arbeit hat, sieht seine Einnahmen monatlich sinken und sitzt fest in der Schuldenfalle. »So schlimm soll das sein?« Damit wollte man mir sagen, so schlimm könne es nicht sein. Es ist schlimmer: Viele Dialyse-Patienten, die jahrelang auf einer Warteliste waren, wollen im Jahr 2014 keine Nierentransplantation machen, weil die öffentlichen Krankenkassen die sehr teure Medikation nach der OP nicht mehr zahlen, Krebskranke treten in Hungerstreik und versuchen so an eine Chemotherapie zu kommen. An der Haupteinkaufsstraße von Faro sind die meisten Geschäfte geschlossen, die neuen Bettler, die an den Haustüren anklingeln, sind jetzt oft die Nachbarn von gestern.

Tatsächlich hat der Tourismus sich in den drei letzten Krisenjahren antizyklisch zur Abwärtsspirale entwickelt und von der instabilen Situation in Ägypten, Tunesien oder der Türkei profitiert. Allerdings macht der Tourismus hochgerechnet weniger als ein Fünftel der Wirtschaft aus. Es liegt in der Natur der Sache, dass die Tourismusbranche alles Mögliche unternimmt, sei es in Kuba, Marokko oder jetzt eben der Algarve, seine Kundschaft so weit wie möglich von der bitteren Realität abzuschirmen.

LISSABON, NOVEMBER 2011. »Cabrões, verdammte Deutsche«, sagte der Gastwirt Senhor Álvaro in Lissabon. Wieder einmal erklärte ein portugiesischer TV-Kommentator im Fernsehen, dass »Berlin die Sparschraube weiter anziehen wird« und infolgedessen die Mehrwertsteuer in der Gastronomie von 13 auf 23 Prozent angehoben würde. »Die Deutschen, die haben das Sagen. Die machen, was sie wollen. Cabrões!«

Es war ein Lokal, das ich abends oft besuchte, ein Portugiese unter Portugiesen. Ich war der einzige Gast. Senhor Álvaro redete wohl mit mir. »Senhor Álvaro, wir wurden jahrelang gewarnt, dass wir die Schuldenbremse ziehen müssen, dass wir Reformen machen müssen. Jetzt hat der Staat kein Geld, um Gehälter zu zahlen. Niemand anders leiht uns Geld, da bleibt uns nichts anderes übrig, als die marktüblichen Kreditbedingungen der Geldgeber zu akzeptieren. Niemand hat den Leuten eine Pistole an den Kopf gesetzt, damit sie Autos und Wohnungen kaufen.« Es war ein rhetorischer Kampf auf verlorenem Posten, dem Mann an der Front zu erklären, dass die Strategen in Berlin und Brüssel nicht die Hauptschuldigen waren, sondern dass diese nur versuchten, eine Lösung zu finden, die möglichst wenig Verluste bedeutete und dem Süden langfristig ermöglichen sollte, die Kredite zurückzuzahlen.

Es ging mir plötzlich jeden Tag darum, Herrn Schäuble und Frau Merkel stellvertretend für meine deutschen Vorfahren zu verteidigen. Nicht weil sie richtig oder solidarisch handelten, denn das taten sie nicht. Sondern weil ich krampfhaft versuchte, meine Landsleute auf andere Perspektiven des Problems hinzuweisen.

Gegen mich hatte ich jeden Tag die portugiesische Presse, das Fernsehen, die einheimischen Politiker, denen es immer recht ist, in Krisenzeiten einen Schuldigen und Feind im Ausland zu haben. Und Deutsche eignen sich vorzüglich für die Rolle. Ja, sie blühen in ihr richtig auf.

Mir war klar, dass Senhor Álvaro wie viele meiner Landsleute das Problem anders betrachtete. Südeuropa wurde lange leichtfertig mit Krediten vollgepumpt, und größtenteils hatte dieser Geldfluss seinen Ursprung in Deutschland. Die Menschen, denen vorgegaukelt wurde, sie seien auf einem aufsteigenden Ast, wurden dazu verführt, immer weitere Kredite aufzunehmen. Man konnte den Südeuropäern die ganze Verantwortung für die Verschuldung, das jahrzehntelang leichtsinnige Ausgeben von Geldern oder den aufgeblähten, unbezahlbaren und korrupten Staatsapparat geben.

Aber auch für mich blieb eine der Hauptursachen der Krise und dafür, dass Portugiesen und Spanier in einer Schuldenfalle steckten, die Vorgehensweise und Verantwortungslosigkeit der deutschen und iberischen Banken. Gegenüber ihren eigenen Kunden im Inland waren die deutschen Finanzgruppen immer sehr selektiv. Spanische und portugiesische Banken und absehbare Pleitestaaten versorgten sie dagegen mit billigem Geld, ohne zweimal hinzuschauen. Geld, das die iberischen Banken wiederum leichtfertig als Unternehmens-, Immobilien- und Konsumkredite aus dem Fenster und noch dem ärmsten Tagelöhner hinterhergeworfen haben. Die Banken taten es nur, weil sie wussten, dass der Staat sie im Problemfall nicht bestrafen, sondern mit Finanzspritzen aus der Klemme helfen würde.

Gleichzeitig hatten portugiesische Politiker – die einen weil kurzsichtig, die anderen weil korrupt – die Interessen der portugiesischen Landwirtschaft, Fischerei und Industrie vernachlässigt, bis das gesamte Land brach lag und von kreditfinanzierten Importen lebte.

»Senhor Álvaro, was kann die deutsche Bundeskanzlerin dafür, dass unsere Politiker seit 20 Jahren käuflich sind und das Spiel der

Banken gemacht haben?« Natürlich wäre es für Portugal gesünder gewesen, kriminelle Banken wie die BPN pleitegehen zu lassen, statt sie seit Anfang der Krise mit Milliarden aus den internationalen Hilfskrediten am Leben zu halten. Ende des Jahres 2013 wurde die BPN dann saniert an eine angolanische Bank, die der Tochter des Präsidenten von Angola gehört, »verkauft«. Verkauft in Anführungsstrichen, denn die Käufer zweigten nachträglich über kreative Finanzoperationen den zu zahlenden Kaufpreis von der letzten öffentlichen Geldspritze des portugiesischen Staates an die Bank ab.

Es gelang mir, Senhor Álvaro von den Deutschen abzulenken. Für einen Augenblick. Dann sagte er: »Banken und Deutsche, das sind zwei Seiten derselben Münze.«

Während marode portugiesische Banken mit den »Hilfsmilliarden« am Leben gehalten wurden, verloren die arbeitslosen Menschen, die ihre Immobilienkredite nicht mehr zahlen konnten, das Dach über dem Kopf. Wer noch einen Job hatte, büßte in drei Jahren durch Lohn-, Rentenkürzungen und Steuererhöhungen 40 Prozent der Kaufkraft ein. Wären zwei oder drei chirurgische Bankpleiten dramatischer gewesen? Auf die Bilanzen der deutschen Banken hätten sie sich sicherlich negativer ausgewirkt. »Uns liegt es sehr am Herzen, euch im Süden am Leben zu halten, damit ihr eure Schulden zahlen könnt«, sagte mir am Anfang der Krise ein Kollege vom Wirtschaftsressort eines deutschen Senders.

Solche Gespräche wie mit Senhor Álvaro, in denen Deutsche beschimpft und für alles verantwortlich gemacht wurden, führte ich nun fast jeden Tag. Die Zeit der naiven Verliebtheit mit deutschen Autos, deutscher Kultur und den billigen deutschen Krediten war vorbei. Deutsche wurden in Portugal zunehmend verachtet.

Wenn ich zu meiner Anfangszeit in Lissabon zurückschaue, staune ich über die sich überstürzende Entwicklung. Südeuropa verurteilt Deutschland, und nicht nur ich muss mir Sorgen um die Konsequenzen machen. Europa scheint verlassen durch das Weltgeschehen zu stolpern wie eine verwirrte Geliebte.

Noch einen 50-Jahres-Schritt zurück auf den Spuren der Deutschen und meiner deutschen Wurzel an der Atlantikküste in Portugal: An Deutschland trennten sich 1943 im kriegsneutralen Portugal die Geister. Der Berliner Galerist und Buchhändler Karl Buchholz hatte in diesem Jahr die zunehmend geschwächte Reichshauptstadt verlassen und eröffnete in der Stadtmitte Lissabons, auf der von Palmen umsäumten Nobelpromenade Avenida da Liberdade, seine erste Buchhandlung. Im Keller betrieb er eine Galerie. Es gab Ermittlungen der portugiesischen Sicherheitspolizei. Der Exil-Deutsche galt als Anlaufstelle für internationale Käufer preiswerter »entarteter Kunst« von Braque bis Picasso. Die amtlichen Bemühungen verliefen wie in solchen Fällen üblich im Sand. Im politisch neutralen Portugal wimmelte es von Geheimdienst-Agenten aus aller Welt. Auch Zivilisten nahmen in Portugal mehr oder weniger aktiv an den Kriegsaktivitäten teil. Einige nahmen deutsche und österreichische Flüchtlingskinder auf, andere machten Geschäfte oder sammelten Informationen. Viele taten alles gleichzeitig.

Für portugiesische Frauen waren die Flüchtlingswellen aus dem Nazi-Deutschland der 30er- und 40er-Jahre eine Zukunftsvision. Dona Ofélia, meine Nachbarin in Lissabon und ehemals sehr wohlhabende Frau, erzählte mir, dass sie in den 30er-Jahren erstmalig in Lissabon Frauen sah, die allein in ein Café gingen und sich allein an einen Tisch setzten. »Dann rauchten diese deutschen Frauen in aller Öffentlichkeit. Das alles war undenkbar für eine Portugiesin.«

Portugal war bis spät in die zweite Hälfte des 20. Jahrhunderts ein archaisches, erzkatholisches und sehr rückständiges Agrarland. Bis 1973/74 brauchten Frauen eine Genehmigung ihres Ehemannes, um mit den Kindern über die Grenze nach Spanien zu fahren oder ins Ausland zu fliegen. An den staatlichen Schulen hatten Jungen und Mädchen getrennte Pausenhöfe. Eine Freundin meiner Mutter, Dona Glória Trigo, wurde mit 70 Witwe. Sie hatte ihr ganzes Leben lang nicht einen Scheck unterschrieben oder am Bankschalter Geld abgehoben. Aber sie hatte immer eine einwandfreie Frisur und war akkurat geschminkt, wenn ich sie im Café Tarantela sah, in der Nähe meines ersten Studentenzimmers in Lissabon. Dona Fernanda Almeida war eine andere alte Freundin meiner Mutter. Sie war weit über 90, als sie vor zwei Jahren starb. Ich sah sie manchmal in Lissabon in der Straßenbahn (ich war wahrscheinlich der einzige Fahrradfahrer in der Innenstadt Lissabons und hielt mich an den sehr steilen Steigungen mit einer Hand an der Straßenbahn fest). Sie war dann auf dem Weg zu ihrem Yoga-Kurs. Damit hatte sie erst als Witwe angefangen. Trotz des erfolgreichen Medizinstudiums durfte sie nie als Ärztin arbeiten. Ihr Mann wollte es nicht.

Portugal und Spanien spalteten sich im Zweiten Weltkrieg in ein reichsfreundliches und in ein den Alliierten nahes Lager.

Mein Urgroßvater Ernst Friedrich Henzler, ein Korkindustrieller, der die Produktion in Südportugal an der Algarve und das Vertriebsbüro in Lissabon hatte, deckte sich in der Buchhandlung Buchholz mit Büchern ein. In einigen habe ich auf dem Dachboden im Haus meiner Großmutter in Faro geblättert. Versteckte Leinwände der modernen Meister fand ich im verstaubten Dachboden der alten Stadtvilla zu meinem Leidwesen nicht. Auch nicht den Koffer mit dem alten Funkgerät, den mein Urgroßvater während des Zweiten Weltkriegs mit seinen portugiesischen, germanophilen Freunden bediente. Die Gruppe meldete die Schiffsbewegungen im Küstengebiet an der atlantischen Südküste der Iberischen Halbinsel nach Berlin. Ein Thema, das in unserer Familie lange Zeit tabu war.

Dabei schockierte es mich wenig, dass ein Junge, der in den 10er-Jahren des letzten Jahrhunderts aus Württemberg auf die Iberische Halbinsel ausgewandert war, als erwachsener Mann seiner alten Heimat im Krieg einen Dienst erweisen wollte. Berlin war sehr weit von Lissabon, Portugal blieb während des ganzen Zweiten Weltkriegs neutral und ein relativ sicherer Hafen für Juden und politische Flüchtlinge.

Der portugiesische Generalkonsul in Bordeaux, Aristides de Sousa Mendes, verteilte in Frankreich gegen die Anweisungen des Auswärtigen Amtes in Lissabon tausende Visa an Flüchtlinge. Die Zahl der Menschen, denen er die Flucht ermöglichte, wird auf 30 000 geschätzt. Ein Drittel von ihnen Juden, die nach Portugal kamen und von portugiesischen Familien aufgenommen wurden oder sofort nach Amerika weiterreisten.

Viele der Juden sind geblieben. Für einige von ihnen bedeutete es eine späte Rückkehr: Mitte des 16. Jahrhunderts war die Familie Cassuto vor den Judenverfolgungen in Portugal geflohen und nach mehreren Zwischenstationen in Hamburg sesshaft geworden. In den 30er-Jahren kehrten Rosy und Leon Cassuto nach Portugal zurück, wo ihre Kinder und Enkel bis heute leben.

In den Cafés in Lissabon oder Porto grüßten die lusitanischen Anhänger Nazi-Deutschlands und die wohlhabenden deutschen Flüchtlinge einander, verkehrten in denselben Lokalen und machten Geschäfte miteinander. Den mittellosen deutschen Flüchtlingen halfen die wohlhabenden Portugiesen spontan, unabhängig von ihrer politischen Gesinnung.

Leider war António Salazars Politik nicht dazu geneigt, den unternehmerischen Geist zu unterstützen. Der portugiesische Diktator lehnte zwar die rassistischen Visionen Hitlers ab, wusste aber nicht das Potenzial von zehntausenden, gut ausgebildeten Flüchtlingen zu nutzen. Portugal blieb für die meisten eine Station auf dem Weg nach Amerika. Die wirtschaftliche Geschichte Portugals hätte anders verlaufen können, und das Land wäre heute besser gegen Krisen gewappnet, wenn Salazar es nicht jahrzehntelang vor ausländischen Investitionen abgeschottet hätte. In Portugal war sogar der Lebenssaft des amerikanischen Way-of-Life verboten: Meine erste Coca-Cola trank ich in Sevilla, weil amerikanische wie andere ausländische Investoren in Portugal nicht willkommen waren. Salazars Motto war »Stolz allein zu bestehen« und seine Wirtschaftspolitik beschränkte den unternehmerischen Erfolg auf wenige portugiesische Familien, die in den korrupten Ministerialämtern in Lissabon ihre Einflusssphären ausweiteten. Diese Familien decken sich noch heute mit fünf der wichtigsten Unternehmensgruppen Portugals – zu wenige und zu inkompetent, um das Land aus dem Elend und der Krise herausziehen zu können. Die meisten von ihnen haben sich auf das Bankgeschäft spezialisiert, sich während der Kreditblase übernommen, mit toxischen Finanzprodukten überladen und müssen heute vor dem finanziellen Kollaps gerettet werden. Das Geld dafür wird aus lebenswichtigen sozialen Bereichen abgezogen.

Fritz Henzler war als ausländischer Industrieller ab den 30er-Jahren eine Ausnahme in Portugal. Seine Korkindustrie bestand als portugiesisches Unternehmen, das auf den Namen seiner zweiten, portugiesischen Frau lief. Das Unternehmen »Torres Pinto« führte den Namen der Stiefmutter meiner Großmutter. Bis heute sind die Fabrikruinen an der Lagune Ria Formosa, wenige Kilometer vom Flughafen von Faro, als »Fábrica do Fritz« bekannt – Fritz' Fabrik. Er musste viele Schmiergelder zahlen. Einmal hielt ein hoher Beamter seine Hand auf und bat ihn um die Autoschlüssel seines roten Mercedes als Gegenleistung für eine Genehmigung.

Meine Großmutter, Fritz Henzlers ältere Tochter, Carmen Ana Piñol Henzler Vieira Branco, hat, obwohl schon über 90, ein akkurates Gedächtnis. Doch sie fegte die Frage nach dem Funkgerät meines Urgroßvaters mit einer Handbewegung weg, schaute in die Leere, als ich sie nach der geheimdienstlichen Tätigkeit ihres Vaters fragte. »Von diesen alten Geschichten weiß ich nichts«, sagte sie und richtete ihren hellblauen Blick durch mich, ihren Lieblingsenkel, hindurch.

Dann nahm sie mich an der Hand in das Studierzimmer und zeigte mir alte Fotos, Zeichnungen ihrer Mutter Aurora, einer katalanischen Künstlerin, Reisepapiere aus den Jahren, die sie in China verbracht hatte, wo meine Mutter geboren ist. Im Wohnzimmer bewunderte ich die Ölbilder meiner Urgroßmutter Aurora: ein arabischer Markt, das Porträt eines jungen Mädchens. »Ist dieses Bild auch von ihr«, es war eine Leinwand mit einem angedeuteten Küstenstrich und einem herrlich blauen Meer. Ich kannte die Geschichte und fragte sie trotzdem. »Das Bild hat mir dein Großvater geschenkt. Wir lebten in einer Kaffeeplantage tief im Landesinneren in Angola. Ich vermisste dass Meer sehr. Er hat mir das Bild geschenkt, damit ich jeden Tag das Meer sehen konnte.«

Ich fragte sie wieder nach ihrem Vater. Sie erzählte mir von der Zeit, als für mich meine Familiengeschichte anfängt, als der letzte Familienzyklus vor 100 Jahren begann, den ich jetzt mit meiner Rückkehr nach Deutschland schließe. Mein Urgroßvater Fritz war 1913 aus der armen Region südlich von Stuttgart zuerst nach Spanien und dann nach Portugal ausgewandert. Als 16-Jähriger hatte er das Königreich Württemberg für ein Leben am westlichsten Rand Europas verlassen, wo sein geliebtes Schwaben nur noch ferne Kindheitserinnerungen war. Meine Großmutter hielt ihren alten württembergischen Reisepass in den Händen und sprach mit einer monotonen Stimme.

Seiner Tochter erzählte Fritz, der gefühlskalt wirkende Schwabe, in einer schwachen Stunde von der einsamen Arbeit als Gänsehüter auf den Almen und dem brachialen »schaffa wia an Bronnebutzr« in der Korkstopfenmanufaktur, die sein Vater Georg im Hinterhof des Hauses im Aichtal für die Familie Greiner aus Nürtingen beaufsichtigte (heute ist Greiner ein weltweit agierender Industriekonzern). Alles Tätigkeiten, die die Familie Henzler mehr schlecht als recht ernährten. Fritz' ältere Brüder waren, wie viele junge Leute aus der Region, bereits nach Amerika ausgewandert.

Geblieben waren in der Erinnerung meines Urgroßvaters kulinarische Gerüche: Sauerkraut, geräucherte Forellen und Braten bei festlichen Gelegenheiten. Als es meinem Urgroßvater in Portugal gut ging und in Nazi-Deutschland Not herrschte, schickte er in den Korkladungen versteckt Nahrungsmittel, Zahnbürsten und Zahnpasta an seine Familie und an die Familie Greiner.

Heute senden wieder Portugiesen, die in Deutschland eine Arbeit finden konnten, Geld an ihre Familien nach Portugal, damit diese ihre Raten abzahlen können, welche die portugiesischen Banken wiederum an die deutschen Banken weiterreichen, damit diese rote Zahlen in ihren Bilanzen vermeiden können.

Meine vier Geschwister und ich sind in Portugal im alten Krankenhaus von Faro, keine 100 Meter vom Atlantik geboren. Acht Jahre nach meiner Geburt kam 1974 die Nelkenrevolution, die der Diktatur in Portugal ein Ende bereitete, aber gleichzeitig ein kommunistisches Regime androhte.

Die Kommunisten bedrohten meinen deutschen Vater in Portugal. Der oberste Revolutionsführer, Otelo Saraiva de Carvalho, hielt eine Rede vor der von meinem Urgroßvater gegründeten Korkfabrik, die mein Vater seit einigen Jahren leitete. Otelo, der alte Revoluzzer, der jetzt in Krisenzeiten wieder akut zur Revolution gegen Brüssel und Berlin aufruft, feuerte damals die friedfertigen Portugiesen an, mit allen Kapitalisten und ausländischen Ausbeutern kurzen Prozess zu machen.

Später erzählte ein ehemaliger Fabrikarbeiter, der einer revolutionären Zelle angehört hatte, er habe den Auftrag erhalten, meinen Vater zu erschießen. Dann sagte er meinem Vater: »Senhor Othmar, ich hätte mir nie verziehen. Ich sah Sie doch jeden Tag mit Ihren Kindern. Ihre Kinder spielten mit meinen Kindern.« Auch deswegen verlief die portugiesische Revolution am Ende unblutig. Man kannte sich.

Nach der Rückkehr meines Vaters mit Frau und uns fünf Kindern nach Deutschland sind alle meine Geschwister hier erwachsen und auch aus wirtschaftlicher Perspektive produktive Bürger geworden (meine älteste Schwester ist Ärztin, mein älterer Bruder Vorstandsvorsitzender eines börsennotierten Unternehmens, von den jüngeren ist einer Maschinenbauingenieur und die andere Sozialpädagogin). Sie leben gern in Deutschland, Portugal ist für sie ein Ferienland geworden, eines unter anderen für meine Brüder, deren Kinder kaum oder gar nicht mehr Portugiesisch reden. Meine Schwestern sind sentimentaler, und der Sohn meiner jüngsten Schwester redet fließend Portugiesisch. Aber auch für sie ist der Alltag auf der Iberischen Halbinsel eine Kindheitserinnerung. Von allen war ich der einzige, der von Anfang gegen die deutschen Tugenden aufbegehrte. Ich konnte meine mentalen Reserven nie überwinden und wollte nicht in Deutschland groß, geschweige denn alt werden.

FARO-BOCHUM, FRÜHJAHR 1976. Zuerst freute ich mich auf den Umzug von der Algarve ins Ruhrgebiet. Es war ein spannendes Ereignis, der riesige Möbelwagen, der Flug, die neue Wohnung in einem Hochhaus und die vielen Umzugskartons, der kleine typisch deutsche Wald mit seinen unzähligen kleinen Bombenkratern, die Spielplätze und die Grundschule mit Marmortreppen und echten blitzeblanken deutschen Toiletten statt der schmutzigen Löcher im Boden zum Hinhocken, die ich von meiner alten, öffentlichen Grundschule São Luís in Faro kannte.

Nichts ist so aufregend für ein Kind wie bevorstehende Abenteuer in einem unbekannten Land. Das Abenteuer wurde schnell zu einem alltäglichen Albtraum für mich.

Warum musste ich als Neunjähriger mein Land am Meer, meine Großeltern und meine Freunde verlassen? Warum mussten wir aus unserem Haus mit Sauna und Schwimmbad an der Algarve ausziehen, wo ich alles machen durfte und machen konnte, allein durch die Stadt ziehen oder am Wochenende mit meinem Vater, der Hobbypilot war, in einer einmotorigen Cessna die Inseln der Ria Formosa überfliegen, warum mussten wir in die sechste Etage eines Betonhochhauses in Bochum mit gemeinsamem Waschkeller einziehen, warum musste meine Mutter den ganzen Tag mit Körben voller Wäsche im Aufzug herauf- und herunterfahren?

Meine Mutter sagt heute, die anderthalb Jahrzehnte in Deutschland seien die glücklichste Zeit ihres Lebens gewesen. Sie war Mitte dreißig, als sie nach Deutschland kam, und aus einem verwöhnten Mädchen – es gab zu Hause an der Algarve eine Köchin, eine Näherin, eine Putzfrau – wurde eine unermüdliche Kämpferin mit Kindern, die eine Zukunft vor sich hatten – im Gegensatz zu unseren portugiesischen Freunden und Nachbarn, von denen viele in einfachen Verhältnissen lebten, schwache Schulen besuchten, die sie mehr schlecht als recht auf einen miserablen Arbeitsmarkt vorbereiteten.

Anders als meine Mutter dürfte mein Vater, der 2004 auf der Orangenplantage der Familie an der Algarve an Krebs gestorben ist, in Deutschland zumindest beruflich nicht sehr glücklich gewesen sein. Aus dem Manager eines global agierenden Unternehmens war ein regionaler Geschäftsführer von Haustürstudios der Firma Biffar, einem paternalistisch organisierten Familienunternehmen aus Süddeutschland, geworden. Er hatte so wie ich, als ich letztes Jahr von Lissabon nach Heidenheim kam, Entscheidungsgewalt über sein Leben und seine Freiheit verloren. Er war 43, als er nach der Nelkenrevolution mit der Familie nach Deutschland umzog. Ich war 46, als die Krise mich zwang, aus Portugal auszuwandern.

Auch ich sah die Zeit in Deutschland anders als meine Mutter und meine Geschwister. Meine Schullaufbahn vom Ende der 70er- bis Mitte der 80er-Jahre auf drei deutschen Gymnasien empfand ich als unangenehm. Die übermächtigen Lehrer, das Pädagogische Panzerprinzip des Plattwalzens individueller Interessen machten mich widerspenstig. Es frustrierte mich, so wenig von meinen Lehrern lernen zu können, was mich interessierte. Ich lebte für meine Fantasien und die Ferien, wurde zum Alleingänger.

Eines Tages besser Deutsch zu sprechen als meine deutschen Schulkameraden wurde eines meiner wenigen Ziele in Deutschland. Die anderen Fächer waren mir gleichgültig. Ich wollte alle, die mich als Ausländer beschimpft hatten, mit ihren eigenen Waffen schlagen. Ich las viel. Die Abenteuer Kara Ben Nemsis und anderer Heroen Karl Mays waren mein Sprachkurs und Germanistikstudium im Herzen des Ruhrgebiets bis zu meinem zwölften Lebensjahr. Bald konnte ich mit Worten angreifen, als wären sie Geschosse aus Old Shatterhands Bärentöter oder Henrystutzen.

Trotz meiner relativ unfreiwilligen deutschen Kindheit und Jugend – es war nicht die schönste Zeit meines Lebens – fühlte ich mich in Portugal von Anfang der Krise an verpflichtet, Deutschland gegen meine aufgebrachten Landsleute im Süden zu verteidigen. Blut ist dicker als Rotwein. Wenn Frau Merkel wüsste, wie oft ich sie gegen die Attacken aufgebrachter Südländer in Schutz genommen habe, hätte sie mir inzwischen zwei oder drei Orden mittlerer Größe an die Brust gepappt. Stolz wäre ich auf die genauso wenig wie auf die Folgen der deutschen Geldpolitik in Südeuropa.

Genau einhundert Jahre nachdem mein Urgroßvater das Königreich Württemberg und das Deutsche Kaiserreich verließ und vor der Armut flüchtete, musste auch ich, ein mehr begeisterter als überzeugter Südeuropäer, in die Gegenrichtung auswandern.

KAPITEL 4

Land unter

LISSABON, 2008. Eigentlich wollten meine Frau und ich, dass unsere erste Tochter in einem öffentlichen Krankenhaus zur Welt käme, weil wir wohl etwas altmodisch waren und dachten, dass das allen zugängliche öffentliche Gesundheitssystem eine Säule der modernen Demokratie sei. Die letzten vier Regierungen hatten unsere Ansichten scheinbar nicht geteilt und dafür gesorgt, dass die öffentlichen Einrichtungen zunehmend privatisiert wurden und immer mehr private Krankenhäuser und Kliniken, die von den größten Finanzgruppen des Landes gegründet wurden, aus dem Boden sprossen.

Viele Ärzte arbeiteten gleichzeitig im öffentlichen Dienst und in privatem Sektor. Marie Branco, eine gute Freundin, war Ärztin in der Notaufnahme eines öffentlichen Krankenhauses und brauchte für einen Schwerverletzten einen Anästhesisten. Doch der war gerade ein paar Kilometer weiter in einer Privatklinik und nur über Handy zu erreichen. »Der Patient wäre fast gestorben«, erzählte sie mir. Marie protokollierte die Abwesenheit des Kollegen. Am nächsten Tag wurde sie zum Chefarzt gerufen. Ihren Eintrag hatte er gestrichen. So etwas ginge nicht unter Kollegen.

In einem anderen öffentlichen Krankenhaus konnte man vom Café aus beobachten, wie Ärzte Patienten in die private Klinik auf der anderen Straßenseite begleiteten. Sie lockten die Patienten mit dem Hinweis, sie würden im öffentlichen Krankenhaus lange auf einer Warteliste bleiben. Ab Mitte der 90er wurden in Portugal massiv private Krankenversicherungsverträge abgeschlossen, mit der portugiesischen Eigenart, dass die privaten Versicherungen ihre Kunden ab dem 65. Lebensjahr wieder ganz legal abstoßen dürfen, was die Rentabilität des Geschäfts natürlich erhöht. Die Hauptgesellschafter dieser privaten Krankenversicherungen sind die portugiesischen Banken.

Die Ärztin, die meine Frau während der Schwangerschaft dreimal in ihrer privaten Praxis als Patientin besucht hatte, sagte uns, sie sei am vorgesehenen Geburtstermin doch nicht im öffentlichen Kinderkrankenhaus Dona Estefânea, ein grauer, halbverfallener Bau in der Stadtmitte. Aber sie wollte uns einen Tipp mit auf den Weg geben, wie wir den chronischen Betten- und Ärztemangel in der öffentlichen Geburtsklinik umgehen könnten. Ihre zehn gespreizten Finger, voller Goldringe und Brillanten, berührten sich an den Kuppen, als wolle sie die Dringlichkeit des Rates verstärken. Sie schaute abwechselnd mich und meine Frau an: »Weil es zu wenig Betten auf der Entbindungsstation gibt, gehen Sie hin und sagen, dass Sie das Kind in Ihrem Bauch nicht mehr spüren.« Sie lächelte zufrieden. »Dann kriegen Sie schneller ein Bett«, sie zwinkerte mit dem Auge. Meine Frau und ich schauten uns nur kurz an. Alexandra hielt mich am Arm fest, bevor ich anfangen konnte, der Ringträgerin einen Vortrag über die Dringlichkeit eines Berufswechsels zu halten. Am selben Tag hatten wir unsere öffentlich-rechtlichen Präferenzen überwunden.

Wenige Tage später, Alexandra hatte die ersten Geburtswehen, fuhren wir mit allen Unterlagen in das moderne Privatkrankenhaus CUF Descobertas am Tejo auf dem Gelände der Weltausstellung von 1998. Nach drei Stunden Wartezeit kam der Arzt, ein drahtiger, junger Mann, der die Brust wie eine Taube aufplusterte. »Wir werden uns jetzt doch besser auf einen Kaiserschnitt vorbereiten«, sagte er. Ein Kaiserschnitt bringt dem Krankenhaus deutlich mehr Geld als eine natürliche Geburt. In den privaten Kliniken in Portugal werden fast doppelt so viele Kaiserschnitte vorgenommen wie in den öffentlichen Gebärkliniken. Bei uns wäre die Entscheidung eindeutig zu früh gefallen und wahrscheinlich gar nicht notwendig gewesen, sagte uns später ein befreundeter Arzt. Die Weltgesundheitsorganisation warnt, es würden zu viele und unnötige Kaiserschnitte gemacht, aber in Portugal schert sich niemand darum.

In der Tiefgarage stellte ich den Babysitz unserer neugeborenen Tochter vorsichtig auf die hintere Sitzreihe unseres alten Peugeots. Unser Auto stand gegenüber den Ärzteparkplätzen, wo eine lange Reihe glanzpolierter Oberklassewagen der Marken Audi, BMW, Mercedes und Porsche parkten. Nach den Hochschulen war die öffentliche Gesundheit dabei, ein Geschäft zu werden wie jedes andere.

Wo machen sich die ersten Risse eines stark liberalisierten, langsam kollabierenden Landes bemerkbar? Überall. Der erste Fehler besteht darin, zu denken, die Risse dienten dazu, Licht von außen eindringen zu lassen. Es kommt nur ein kalter Windzug. Aber einen Augenblick lang war das Leben perfekt. Meine sechs Monate alte Tochter Sofia in meinen Armen schaute mit neugierigen Augen die Baumkronen an, die auf Höhe unseres Balkons das grelle Sommerlicht Lissabons filterten, meine Frau saß lächelnd neben mir und genoss die Ruhe. Ich hielt den Augenblick fest, sah an ihr vorbei bis zu dem kleinen Antiquitätenmarkt unter freiem Himmel weiter unten auf der Straße, mein Blick verweilte auf den violett leuchtenden Jacarandás, den Palisanderholzbäumen, die Lissabons schönste Alleen und Gassen umsäumen.

Wir wohnten gerade anderthalb Jahre in der renovierten Altbauwohnung. Die wenigen Möbel verliehen dem abgenutzten, aristokratischen Holzboden Leben. Alle Fenster waren offen, und von draußen wehte eine warme Atlantikbrise durch die Zimmer. Es war nach 15 Uhr. »Ich muss wieder in die Redaktion«, sagte ich. Alexandra machte ein etwas enttäuschtes Gesicht. Der Verlag, für den ich arbeitete, war um die Ecke, drei Minuten zu Fuß. Ich hatte Zeit für eine Siesta gehabt, hatte den Gaspacho vorbereitet und den Fisch für das Mittagessen gegrillt. Ich küsste meine Frau und legte ihr Sofia behutsam in die Arme.

Zur Vollendung des Glücks gehören – mit kulturell wechselndem Stellenwert – die Doppelverdiener-Familie, Gesundheit, die

Freunde, der spannende Job, das traute Heim, das pralle Konto, das volle Weinregal und dass mindestens eine Hälfte des Ehepaares, bei uns zu Hause ich, ein begnadeter Koch ist und den fangfrischen Fisch vom Markt mit Meisterhand zu grillen weiß. Und just wenn man endlich alles beieinanderhat, fängt die Welt an, aus den Fugen zu geraten.

Der Cofina-Verlag, in dem die Zeitschrift erschien, für die ich arbeitete, versteckte sich hinter einer dunklen Fassade aus getöntem Glas und braunem Marmor in einem Hochhaus am Rande des Gulbenkian-Parks. Um diese Tageszeit standen viele Journalisten vor dem Eingang und rauchten. Das Gebäude hatte keine Aufenthaltsräume, weder Café noch Kantine. Ich hatte schon oft beobachtet, wie die Putzfrauen in der Tiefgarage ihr Mittagessen stehend kauten, als Ablage für die Plastikbehälter und Wickeltücher mit Lebensmitteln benutzten sie die Motorhauben der parkenden Autos, die sie dann sorgfältig abwischten. In der ersten Garagenreihe standen die BMW, Mercedes und Audis der Vorstandsliga. Obwohl ich immer zu Fuß zur Arbeit ging, hatte ich einen Parkplatz für die Testfahrzeuge, die ich für das Lifestyle-Magazin *GQ* Probe fuhr.

Ich hatte mich zeit meines Lebens immer so sehr für Autos wie für Fußball interessiert – nämlich gar nicht. Wie jeder Lissabonner Kosmopolit, der etwas auf sich hielt, waren Taxis mein Hauptverkehrsmittel. Protzige Autos fand ich als moderner Stadtmensch peinlich. Es war eine Ironie des Schicksals und ein Zeichen der Krise, dass ich als Ressortleiter für Wirtschafts- und Finanzthemen wegen Personalkürzungen das Ressort »Motoren« übernehmen musste und als Testfahrer der Zeitschrift nun jeden Monat eine Seite über neue Automobile schrieb.

So kam es, dass alle neuen Modelle und Versionen der noblen Karossen zum persönlichen Fuhrpark eines Banausen automobiler Kultur wurden. Nicht immer wusste ich, was ich schreiben sollte. Zu Anfang wusste ich nicht einmal, wo die PS unter der Motorhaube steckten. Schnell lernte ich, man musste es gar nicht wissen, sondern nur schreiben, wie viele es waren und drum herum einen guten oder zumindest lesbaren Text. Als Trost gilt mir heute, eventuell nicht qualifizierter, dafür aber ehrlicher als Fachjournalisten mancher renommierten Automobil-Club-Zeitschrift gewesen zu sein.

Es half mir als Autotester, dass ich oft meine Mutter und Großmutter 280 Kilometer südlich an der Algarveküste in Faro besuchte und so die Vehikel ausgiebig auf der Autobahn und den hügeligen Straßen der Serra testen konnte. Die Beschreibung 300 enger Kurven auf 60 Kilometern Fahrstrecke ist immer wieder spannend und voll unerwarteter Begebenheiten, sei es mit einem 270-PS-Mini oder einem 540-PS-Jaguar.

Da ich immer frische Orangen von der Plantage meiner Eltern nach Lissabon mitbrachte, konnte ich meine Leser zum Beispiel dahingehend aufklären, dass in dem Gepäckraum des neuen Porsche 911 Carrera GTS, den ich etwas erstaunt vorne fand, wo ich eher den Motor vermutete, genau eine Obstkiste mit 18 Kilo Orangen oder ein Kasten Bier hineinpasste oder dass der Maserati Gran Cabrio zwar viel Platz für Kindersitze in der zweiten Sitzreihe bot, deren Insassen sich auf langen Strecken jedoch leicht Erkältungen einholten und Spielzeuge und Plüschtiere über Bord warfen.

Der Wert der Autos, die ich wegen meiner neuen Funktion als unfreiwilliger Auto-Journalist fuhr, entwickelte sich umgekehrt proportional zur Wirtschaftsleistung Portugals. Je luxuriöser »mein« Fuhrpark, desto ärmer wurde das Land: In Zeiten der Enttäuschungen bieten nur die Lifestyle-Magazine noch Träume. Ab 2008 schrumpften in Portugal die Wirtschaft, die Einnahmen des Verlags, die Anzahl der Journalisten und die Löhne. Meine Familie und meine Sorgen dagegen wuchsen. Wie würde das alles enden?

Sechs Jahre später reißen die schlechten Nachrichten aus Südeuropa nicht ab. Sie holen mich ein und ziehen mich mit sich in die Tiefe. Ich bin jetzt in Deutschland in der reichsten Region Europas und leide mit meinen Freunden, Verwandten, Bekannten und Nachbarn in Portugal und Spanien. Während ich die letzten Kapitel dieses Buches schreibe, lese ich in der Wirtschaftspresse, dass allein die in der portugiesischen Banklandschaft winzige und irrelevante Barclays Bank, die im Mai 2014 ankündigte, sich ganz aus dem portugiesischen Markt zurückziehen zu wollen, auf 2000 faulen Immobilienkrediten sitzt. Das sind noch einmal zweitausend Familien, die ihre Kredite nicht mehr zahlen können und mittelfristig ihre Wohnungen verlieren werden. Im ganzen Land wird die Zahl der von einer Zwangsräumung bedrohten Familien auf 180 000 geschätzt. Wie war es so weit gekommen?

LISSABON, 2012. Domingos Amaral, mein ehemaliger und letzter Chefredakteur bei *GQ*, einem »anspruchsvollen Lifestyle-Magazin für Männer«, ist ein stiller Mensch und begabter Schriftsteller. Die vier Jahre, die wir in Lissabon zusammengearbeitet haben, sah er chronisch unausgeschlafen und bleichgrau aus. Er rauchte viel und litt unter einer Verlegerin des Londoner Condé Nast Verlags, eine Britin, die regelmäßig nach Lissabon kam und unser Magazin kritisch auseinandernahm.

Als Sohn eines ehemaligen portugiesischen Außenministers und Vorsitzenden der Generalversammlung der Vereinten Nationen in New York litt Domingos wahrscheinlich auch unter der großen Vaterfigur. Dies trübte aber nicht seinen Scharfblick. Drei Monate bevor er im April 2012 gefeuert wurde, sagte er mir: »Dies ist die erste Krise, die alle trifft, sie wird das Land nachhaltig verarmen. Sie trifft meine Freunde, Nachbarn und wird auch mich nicht verschonen.« Damit meinte er, dass die Krise diesmal auch die »boas famílias«, die »guten Familien« des Landes, belasten würde.

Domingos ignorierte das absolute Rauchverbot im Verlagsgebäude, sehr zum Leidwesen seines Nachbarn im Nebenbüro. Er sah nicht aus wie der typische Chefredakteur eines Lifestyle-Magazins. Er war mehr Intellektueller als sonnengebräunter Lebemann mit enthaarter Brust, der auf Modenschauen in der ersten Reihe sitzen muss.

Wie viele Portugiesen, deren Familienangehörige seit Generationen an den Schalthebeln der Staatsmacht saßen, hatte auch er sein Leben lang beruflich von den guten Beziehungen seiner Familie profitiert. Was ihn von vielen anderen Platzhaltern mit wohlklingenden Namen und guten Verbindungen unterschied, die in privaten Unternehmen und im öffentlichen Dienst Schlüsselpositionen in Portugal haben, war seine berufliche Kompetenz und eiserne Arbeitsdisziplin.

Seit ein paar Tagen sah Domingos sehr mitgenommen aus. Die Verkaufszahlen des Magazins waren krisenbedingt nicht berauschend, das Anzeigenvolumen schwand, und der Mutterverlag in London mochte Domingos unglamouröse Art nicht. Eines Morgens war es dann so weit. »Sie haben mich vor die Wahl gestellt: Entweder ich gehe oder sie schließen das Magazin.« Ich hatte in den ersten drei meiner insgesamt sieben Jahre bei der *GQ* schon drei Chefredakteure erlebt. Der erste, Manuel, wollte zur Lissabonner Society gehören und erzählte oft von seiner großbürgerlichen Familie. Dass er schwul war, war selbst im modernen Portugal noch ein Grund für mangelnde soziale Anerkennung, aber nicht der einzige. Er war schwarz. Das duldet die latent rassistische portugiesische Gesellschaft nicht (in einem Land, das Afrikaner jahrhundertelang kolonisierte und als Sklaven ins Land brachte, gab es, bis in die Gegenwart, keinen einzigen schwarzen Minister oder Parlamentarier). Der zweite Chefredakteur mit dem unwahrscheinlichen Namen Tony Smith war ein Besetzungsfehler. Seine Ambitionen waren zu groß für den portugiesischen Cofina-Verlag, der als Partner von Condé Nast die Zeitschriften *Vogue* und *GQ* sowie die auflagenstärkste Tageszeitung in Portugal veröffentlichte. Tony ist jetzt Winzer in der Douro-Region und macht einen sehr genießbaren Weißwein.

Der dritte, Domingos, war der richtige Mann. Aber die Finanzkrise erwischte ihn kalt. Er wurde als erster der Belegschaft gefeuert. »Warum?«, fragte ich ihn. »Der Vorstand sagt, ich bin zu teuer.« Wir lächelten beide. Vier Jahre zuvor hatte derselbe Vorstand Domingos bei der Konkurrenz-Zeitschrift *Maxmen* für viel Geld abgeworben.

Domingos und mich verband keine besondere Freundschaft, aber ich schätzte seine ruhige, fast herablassende Art. Wir hatten einige Arbeiten gemeinsam gemacht, wie die Rekonstruktion der Maddy-Entführung an der Algarve, das britische Mädchen, das 2007 aus einer Feriensiedlung in Lagos verschwand und nie wieder auftauchte. Wir waren bei der Premiere eines neuen Porsche-Cayenne-Models als Team durch die Pampa gefahren, bis der Wagen mit platten Reifen in einem Graben stecken blieb. Bei der Neueröffnung eines Luxushotels irgendwo in einem skandinavischen Land erzählte er mir an der Bar von der Scheidung, die er gerade durchmachte. Ich hatte die Scheidung meiner ersten Ehe auch hinter mir. Wir hatten gemeinsame Freunde und teilten literarische Ambitionen. Details, die unter Kollegen den Zusammenhalt festigen. Ich schrieb in der *GQ* über Geld, Finanzen und wirtschaftliche Themen, und wir hatten jede Woche angeregte Diskussionen. So angeregt, dass wir uns danach immer wieder für ein paar Tage kaum grüßten.

Domingos war nur einer von vielen Menschen um mich herum, die nach und nach ihre Jobs verloren. Über die Hälfte meiner ehemaligen Kolleginnen und Kollegen in anderen Zeitschriften und Zeitungen sind inzwischen arbeitslos.

Feste und relativ gutverdienende Mitarbeiter sind in Zeiten der Massenarbeitslosigkeit Produktionsteile, die es kosteneffizient für billigere Ersatzteile auszutauschen gilt, um die Wirtschaft wieder anzukurbeln, so denken Berlin, Brüssel oder der Internationale Währungsfond. Portugal ist derzeit auch das Land der westlichen Welt, in dem die Einkommensungleichheiten am größten sind. Sie fallen sogar extremer aus als in den USA. Die Niedriglöhne sind der Grund, warum die Immobilien- und die Kreditblase in Portugal so schnell geplatzt sind: Kaum jemand hatte Ersparnisse, und die Verschuldung wurde in kürzester Zeit existenzbedrohend für einen Großteil der Bevölkerung.

Bei der *GQ* teilten wir die Redaktionsräume mit der etwas krisensichereren *Vogue,* wo meine – damals noch zukünftige – Frau und ihre Kolleginnen unter einer sehr unangenehmen Chefredakteurin litten. Ich lernte Alexandra 2005 als Verlagskollegin kennen, als ich bei *GQ* als Reporter anfing. Ich war damals verheiratet (ein Jahr später ließ ich mich scheiden und zog wenig später mit Alexandra zusammen).

Als die Krise sich im Anzeigenvolumen bemerkbar machte, zwang die *Vogue*-Chefredakteurin die Journalistinnen, »Werbereportagen« für Anzeigenkunden zu schreiben. Etwas, was Journalisten natürlich nicht tun müssen und nach ihrem beruflichen Statut in Portugal auch nicht dürfen. Alexandra weigerte sich, die Auftragstexte über kosmetische Produkte, Spas und Hotels zu schreiben. Deswegen musste sie den Verlag Mitte 2009 verlassen. Wir waren wenige Monate vorher aus Bratislava zurückgekommen, wo wir geheiratet hatten, als Alexandra zur Personalabteilung gerufen wurde.

Wegen ihrer journalistischen Haltung wurde meine Frau zur Kündigung gezwungen. Der Personalchef sagte ihr: »Bei uns sind die Gehälter nicht an ethische Vorgaben und journalistische Kriterien gebunden. Wenn Sie die Auftragstexte nicht schreiben wollen, besorge ich Ihnen einen Arbeitsplatz im Keller. Einen sehr dunklen, kalten Arbeitsplatz. Dann sind Sie ganz schnell weg.« In Portugal haben die meisten Unternehmen, so wie der Verlag, in dem wir damals arbeiteten, keine Pausenräume, keine Kantine und vor allem sehr wenig Respekt für die Mitarbeiter.

Nach dem Ausscheiden meiner Frau aus dem Verlag blieb ich noch drei Jahre bei *GQ*. In dieser Zeit wurde Maria, unsere zweite Tochter, geboren, Alexandra arbeitete von zu Hause aus als Autorin und freie Journalistin, später als Geschäftsführerin eines kleinen exklusiven Lebensmittelladens, den wir eröffneten und nach weniger als einem Jahr krisenbedingt wieder schließen mussten.

Bis zu ihrer Kündigung recherchierte und schrieb Alexandra viele schöne Geschichten für *Vogue* wie die über eine Mongolin, die sich in Moskau in einen portugiesischen Kommunisten verliebte, dann auf Befehl der Partei von ihm getrennt wurde und ihn Jahrzehnte später auf Kuba zufällig wiedertraf (die Mongolin schickt meiner Frau bis heute dankbare Weihnachtskarten, und der angolanische Autor Pepetela schrieb über diese Liebesgeschichte ein Buch). Eine andere, unwahrscheinlichere Liebesgeschichte erfand Alexandra aus dem Nichts: unsere.

Anders als meine sensible Frau war ich tränenresistent und ließ mich weder vom Vorstand noch vom Personalchef beeindrucken. Von 2005 bis 2012 arbeitete und schrieb ich gegen den Strom, nährte mich von Konflikten und fühlte mich unangreifbar. Ich hatte eine freie Zeiteinteilung, war pro Woche vier Tage im Verlag und selten vor 10 Uhr morgens in der Redaktion. Ich schrieb viel und brachte gute Stories ins Haus. Mehr sollte von mir niemand verlangen. Nur ein einziges Mal, nach der Kündigung meiner Frau, wurde ich gebeten, einen Auftragsartikel für einen Anzeigenkunden zu schreiben – es verursachte einen sehr temperamentvollen, südländischen Wutanfall, dessen Wirkung ich aus deutscher Perspektive und sicherer Entfernung beobachtete, und niemand sprach jemals wieder über das Thema Kundenreportagen mit mir. Manchmal war es schön, den inneren Kampf der deutschen und der südländischen Kultur instrumental einsetzen zu können.

Es störte mich, in einem Unternehmen zu arbeiten, in dem es in der Chefetage von Managern wimmelte, die sich so sehr für Journalismus interessierten wie ich für die Darmperistaltik der Wüstenspringmäuse. Aber ich hatte auch schon für die anderen großen Verlage des Landes gearbeitet und kannte den Unterschied: Die anderen lokalen Medienmogule waren nur deswegen nicht rechtskräftig verurteilt, weil sie zu den »guten, alten Familien« des Landes gehörten und sanfte Beziehungen zu den beiden Zentrumsparteien pflegten. Auch sie gehen über Leichen, benutzen permanent die Presse und das Fernsehen als Revolver, um ihre Interessen durchzusetzen. Portugal ist das Land der Berlusconi im Westentaschenformat.

Ein paar Seiten im Monat über Autos und Wirtschaft und eine Kolumne zu schreiben, zwischendurch ein bisschen zu den Fashionweeks, Events und Präsentationen zu fliegen, nebenbei als freier Journalist einen etwas ernsteren Journalismus zu machen – das Berufsleben hätte es ärger mit mir meinen können. Doch als die Krise sich 2012 weiter zuspitzte, hatte ich zwei Kinder, und Portugal hatte nur noch Trost- und Hoffnungslosigkeit am Horizont zu bieten.

Der Personalchef, der meiner Frau in verschiedenen Gesprächen drohte, bis sie es nicht mehr aushielt, wurde kurze Zeit später selber entlassen. Aber nicht, weil er systematisch die Mitarbeiter schikanierte. Seine Methoden wurden vom Vorstand geduldet und sogar mit Boni honoriert – für jeden langjährigen und teuren Mitarbeiter, den er zum Gehen motivierte, stellte der Verlag einen neuen Mitarbeiter ein, der nur die Hälfte verdiente. Er war kein Einzelfall. Die rabiaten Methoden der Personaler spitzten sich mit der Krise überall zu. Trotz eines starken, legalen Kündigungsschutzes war es gerade im Journalismus zu keiner Zeit schwer, Mitarbeiter in die Kündigung zu treiben. Wer nicht veröffentlichen durfte, war ohnehin vogelfrei. Zudem wurde offiziell vom Gesetzgeber an der Flexibilisierung des Kündigungsprozesses gearbeitet, und es war eine Frage der Zeit, bis man – wie heute nun der Fall – im Eiltempo beruflich abserviert werden konnte. Vor die Wahl gestellt, gingen die Mitarbeiter lieber sofort mit einer Abfindung als mit leeren Händen ein paar Monate später.

Der Vorstandsvorsitzende des börsennotierten Cofina-Verlags war bereits 2007 wegen Insiderhandels rechtskräftig verurteilt worden. In den Vereinigten Staaten wäre der Mann ein paar Jahre hinter Gittern verschwunden. In Portugal kam er mit einer Geldstrafe davon. So konnte er weiter seinen Mischkonzern leiten und neben den journalistischen seine vielen anderen Geschäftsinteressen verfolgen.

In meiner ganzen Zeit bei *GQ* fuhr ich nur ein einziges Mal mit ihm im Aufzug mit. Neben mir stand der Boss der Mediengruppe, als dritte Person war eine Kollegin anwesend, die seit zehn Jahren im Verlag arbeitete. Sie war schwanger. Der kleine Medienmogul schaute sie an. Kurz bevor wir ausstiegen, sagte er: »Kaum habt ihr einen festen Job, werdet ihr alle schwanger.«

Nach Domingos' Entlassung wurde ich vom Vorstand sondiert, seinen Job zu übernehmen. Bei meinem Gespräch mit einem Vorstandsmitglied sagte ich, was ich vom Verlag, der Personalpolitik, den Zukunftsperspektiven des Unternehmens und von ihm persönlich hielt. Weitere Verhandlungen erübrigten sich. Neuer Chefredakteur wurde, nachdem ich meine Kündigung einreichte, der verantwortliche Graphikdesigner des Magazins, der meines Wissens in seinem Leben noch keinen Artikel geschrieben hatte, dafür aber den Verlag nur ein Drittel seines Vorgängers kostete.

Mir war klar: Portugal hatte meiner jungen Familie langfristig keine Zukunft anzubieten und mir kurzfristig keinen interessanten Job. Eine Woche später bekam ich einen Scheck mit einer fünfstelligen Abfindung und packte meine Sachen in eine aromatische Weinkiste aus Holz. Wie immer, wenn wieder einer gehen musste, fielen sich in der Redaktion alle in die Arme, Tränen flossen, Schwüre wurden gemacht (»Wir sehen uns bald wieder«). Meine Abfindung wollten wir diesmal besser anlegen als die von Alexandra anderthalb Jahre vorher.

Damals, im November 2010, hatten wir mit der Abfindung meiner Frau den kleinen Feinkostladen »Valbom« in Lissabon am Gulbenkian-Park eröffnet. In jeder Mittagspause lief ich aus dem Verlagsgebäude einmal um die Ecke und war unser bester Kunde, aß fantastische Sandwiches mit Krabbencreme und Rucolablättern, geräuchertem Schwertfisch und Meerrettich oder Kabeljau-Carpaccio. Am Abend kamen oft Freunde vorbei, die Kinder malten auf der Schiefertafel mit den Tagesangeboten mit bunten Kreidestücken und spielten auf der Fußgängerzone gegenüber dem Museumspark. Wir Erwachsenen unterhielten uns und tranken die besten Alentejo- oder Douro-Rotweine dazu, was der Rentabilität des Ladens etwas abträglich war.

Acht Monate nach der Eröffnung entschieden wir uns kurz vor dem Sommer 2011, den Laden wieder zu schließen. Zu unserer fehlenden kaufmännischen Erfahrung und der mangelnden Klientel wegen der Krise kamen die steigende Steuerlast und die lähmende Bürokratie. Jeden Monat mussten wir aus unseren Ersparnissen Geld in den Laden stecken, Steuern, Gebühren und Abgaben, Genehmigungen, Zertifizierungen und Behördengänge nahmen kein Ende.

Ich musste an Frank Marcischewski denken. Ein netter deutscher Koch, der nach sechs Jahren portugiesischer Bürokratie endlich sein Lokal an der Algarve eröffnen wollte und am Vortag der Eröffnung Bescheid bekam, dass wieder eine Genehmigung fehlte. Er ging daraufhin zur Seebefestigung von Sagres, Europas südwestlichstem Punkt, und stürzte sich vom Felsen ins Meer. Ich hatte keine Suizidgedanken, wollte aber unseren Ersparnissen eine zu tiefe Depression ersparen. Schlechtem Geld soll man kein gutes Geld hinterherwerfen, sagt eine Maxime der Schweizer Banker. Aber mit der Geschäftsaufgabe scheiterten auch langfristig unsere Pläne, in Lissabon zu bleiben. Langusten und Kaviar anzubieten, wenn die Mittelschicht anfängt, Versorgungsprobleme mit Grundnahrungsmitteln zu haben, war nicht der beste Schachzug gewesen. Unsere Investitionsstrategie hatte zu viel von der ökonomischen Theorie, die der französischen Königin Marie Antoinette zu Unrecht angehängt wird (wenn die Armen in Paris kein Brot hatten, sollten sie doch bitte schön Gebäck essen).

Meine Abfindung, so unsere Entscheidung im Mai 2012, wollten wir zukunftsorientierter anlegen. Das taten wir schließlich ein Jahr später, als wir nach einem langwierigen, zögernden Prozess endlich in Deutschland ankamen. Mit ihr überbrückten wir die Monate an der Algarve, bevor ich eine Arbeit in Deutschland fand, und finanzierten unsere Auswanderung. Mit dem Geld zahlten wir die Kaution unserer jetzigen Wohnung in Heidenheim, kauften Möbel und Wintersachen für die Kinder und uns.

In den letzten fünf Jahren in Portugal, in denen Alexandra und ich eine Familie gründeten, unsere Jobs loswurden, unseren Traumladen eröffneten und wieder schlossen, meldeten hunderttausende anderer Geschäfte, Betriebe und Haushalte in Portugal Konkurs an. Allein auf der verkehrsberuhigten Straße in der besten Wohnlage Lissabons, 150 Meter links und rechts von unserer Haustür, schlossen zwei Cafés, ein Fleischer, zwei Modegeschäfte, ein Friseur, die Bäckerei und eine Buchhandlung. Leute, die wir jahrelang jeden Morgen begrüßt hatten, stürzten in die Armut oder mussten auswandern.

Die sieben Jahre bei *GQ* waren trotz aller Widrigkeiten eine meiner bisher spannendsten journalistischen Phasen. Auch wenn meine Frau in die Kündigung getrieben wurde und ich ständig Ärger mit dem Vorstand hatte. Als ich endlich ging, war es meine Entscheidung, und als Kirsche auf dem Kuchen hatte ich im letzten Moment noch den Chefposten in der Redaktion ausschlagen dürfen. Tabula rasa zu machen gab mir das Gefühl, ich könnte trotz der hinzugekommenen Verantwortung als zweifacher Vater Herr meines Schicksals sein. In Wirklichkeit war ich schon halb im inneren Exil und auf der Flucht vor der Krise. Im Nachhinein frage ich mich, wann ich anfing, mich von der Fiesta zu verabschieden. War es nicht über die Jahre ein langer Abschied vom Süden gewesen? Schließlich wusste meine deutsche Hirnhälfte, dass ein Land und ein Wirtschaftssystem so nicht funktionieren können.

Man soll als Passagier das sinkende Schiff am besten dann verlassen, wenn es noch auf dem Wasser treibt. Die Party war ohnehin zu Ende, und das Orchester spielte auch nicht mehr.

KAPITEL 5

Danke, Deutschland

LISSABON, 2010. »Gott schuf den Weißen und den Schwarzen, die Mestizen und Mulatten haben wir Portugiesen gemacht«, sagte Rodrigo und hielt sein Glas hoch. Der routinierte Spruch ließ vermuten, dass er den Satz zu vielen Gelegenheiten zitierte. Rodrigo war einer von vielen zu spät geborenen Repräsentanten eines Kolonialreichs, das im 15. Jahrhundert entstand und 1999 mit der Übergabe von Macao an China endete (für wahre Nostalgiker kam das Ende erst im neuen Jahrtausend mit der Unabhängigkeit Timors im Jahre 2002). Portugiesen trauern bis heute manisch ihrer glorreichen Vergangenheit nach, als sie die Weltmeere beherrschten, Gold und Gewürze scheffelten und als erstes globales Imperium überall auf der Erde Untertanen machten. Für viele ist es so, als wäre es gestern gewesen.

Rodrigo saß mir gegenüber bei der Hochzeit meiner Cousine. Er war ein typischer Marineoffizier. Er und seine Waffenbrüder hatten vor der Kapelle Spalier gestanden und ihre Schwerter für das Brautpaar in der Luft gekreuzt. Das Landgut Quinta do Hespanhol gehörte seit sechs Jahrhunderten der Familie Perestrelo, ein Name, den auch meine Tante, die Mutter der Braut führte. Perestrelo war der Familienname von Dona Filipa, der portugiesischen Adligen, die im 15. Jahrhundert Christoph Kolumbus heiratete. Familiennamen sind in Portugal nicht Schall und Rauch. Sie sind Türöffner, ebnen Lebenswege. Oder bilden, bei falschem Klang, fast unüberbrückbare Barrieren.

Rodrigo hatte sich mit allen seinen Nachnamen vorgestellt. Es waren einige, und ich hatte nicht allzu aufmerksam hingehört. Wir unterhielten uns am Tisch über den Zustand des Landes, den Müll auf den Straßen, die Militärjustiz, Drogenhändler im Bairro Alto, internationale Politik. Rodrigo hatte immer eine entschiedene Meinung beizusteuern.

»Der Dreck, fürchterlich. Neulich, wir den Staatspräsidenten von seiner Privatresidenz abgeholt. Ich in Galauniform. Dann der Hundedreck auf dem Bürgersteig, vor seiner Tür. Und ich, meine weißen Galoschen, unerhört! Unvorstellbar!« Ich konnte es mir bildhaft vorstellen. »Das Gesocks in dem Drogenviertel mitten in der Stadt, ich verstehe das nicht. Man müsste einen Zaun drum herum ziehen, mit Stacheldraht, verstehen Sie?« Er beschwerte sich, dass die spanischen und marokkanischen Kutter illegal in portugiesischen Gewässern fischten. Er habe sie vom Marineschiff, das er kommandierte, neulich mit Schüssen angreifen wollen und die Kommandozentrale habe es nicht erlaubt. Ich wagte ein paar Silben einzuwenden – »Sardinen, Schüsse?« »Unsere Schiffe sind langsamer als die der illegalen Fischer, was sollen wir sonst machen? Und wenn wir dann doch schießen, kommen wir noch als gemeine Verbrecher vor Gericht!« Rodrigo und seine Kameraden hatten auch Humor. Die Militärjustiz verhalte sich zur Justiz wie die Militärmusik zur Musik, zitierte ich jemanden in dem Versuch, die Diskussion abzukürzen. Die Matrosen am Tisch lachten alle fröhlich mit.

Die Nelkenrevolution, die sich dieses Jahr am 25. April zum 40. Mal jährte und dem faschistoiden Regime Portugals nach vier Jahrzehnten ein endgültiges Ende bereitete, war ein Militärputsch der »April-Kapitäne«, dem sich die Bevölkerung anschloss. In Europa herrschte der kalte Krieg. Als sich der kommunistische Premierminister Oberst Vasco Gonçalves 1975 mit dem schwedischen Premier Olof Palme traf, erklärte er ihm sein Programm für die portugiesische Revolution: »Wir wollen die Reichen im Land abschaffen.« Palme antwortete ihm, in Schweden sei man noch dabei, die Armen zu unterstützen.

Die Profite aus den Kolonien investierte Portugal von Anfang an in den Bau von Klöstern, Kirchen und Privatkapellen mit dazugehörigen Palästen – nicht in Universitäten und Schulen. Im 15. Jahrhundert teilten sich Portugal und Spanien Südamerika. Die Spanier gründeten in ihrem Machtbereich zehn Universitäten, Portugal eine. Heute gibt es zehn Staaten in Südamerika, in denen Spanisch geredet wird, und eines, in dem Portugiesisch die Landessprache ist.

Die Fehlinvestitionen Portugals – Bauten statt Bildung – reichen Jahrhunderte zurück. Auf der gesamten Iberischen Halbinsel war die katholische Kirche immer ein Korsett, das beiden Ländern die Atemluft nahm. Beten war den Portugiesen während des größten Teils ihrer Landesgeschichte wichtiger als Bücher. Anders als in Spanien fehlte Portugal ein Hochschulnetz, ein geistiges Spektrum konkurrierender Denkschulen, sowohl in seinem Kolonialgebiet als auch im europäischen »Kernland«.

Eines der Hauptprobleme Portugals ist seitdem, dass die Machthaber – ob Monarchen, Diktatoren, Generäle oder Demokraten – in Schwarz-Weiß-Schablonen denken. Ihr Machtverständnis spiegelt die Denkweise der meisten Portugiesen wider. In Lissabon teilt sich die gesamte Bevölkerung in zwei Lager auf, in Benfica oder Sporting, man ist entweder rechts oder links, reich oder arm, aus »guten Familien« oder plebejisch, entweder ist man für die narrenfreien Marktkräfte oder ein gefährlicher Kommunist, entweder wählt man PS oder PSD, entweder man hört den Fado von Coimbra oder den von Lissabon. Die meisten portugiesischen Regierungspolitiker sind, wenn sie ein politisches Programm haben, nicht darum bemüht, langfristige Lösungen zu finden, sondern ihre fixen Ideen, Überzeugungen und modischen Konzepte umzusetzen und die ihrer Vorgänger wieder rückgängig zu machen. Im Rückblick ergibt das eine Zickzacklinie Richtung Abgrund.

In sechs Jahrhunderten wandelte sich der Größenwahn Portugals in Minderwertigkeitskomplexe und Resignation. Das Volk dumm und unwissend zu halten, war zu Lebzeiten des portugiesischen Diktators Salazar und danach bis Anfang der 70er-Jahre die offizielle Doktrin. Mir ihrem Elend finden sich Portugiesen ab, und der Fußball und die Telenovelas, die Gottesfurcht und der Respekt vor »denen da oben« lassen sie auch die aktuelle Krise ohne Gewaltausbrüche über sich ergehen. Um die Gegenwart zu ertragen, berufen sich Portugiesen auf ihre alten Eroberungen. Ich versuchte diesen lusitanischen Reflex zu unterdrücken. Schaffte es aber nicht immer:

In 20 Jahren als Journalist hatte ich mit Armutsforschern, Nobelpreisträgern, Obdachlosen, Bestsellerautoren, Nischenschreibern, Prostituierten, Models, Bankpräsidenten, Kinderhändlern, Milliardären, Politikern und Zuhältern gesprochen und über sie geschrieben. Insgesamt um die 1200 Artikel, Reportagen, Essays, Kurzgeschichten und Kolumnen in Zeitschriften und Zeitungen. Meine Freunde, die mich in Heidenheim besuchen und mein vorheriges Leben kennen, lassen in Gesprächen oft unfreiwillig ihr Mitleid mitschwingen. Ich müsste doch am Boden zerstört sein. Das bin ich nicht. In Schwaben bin ich zumindest in der Hinsicht ein Schwabe geworden: Ich freue mich, festen Grund unter den Füßen zu spüren. Er ist praktisch, um wieder von der Stelle zu kommen.

Die Europäische Gemeinschaft wurde ab dem Beitritt im Jahr 1986 die letzte Geldquelle Portugals (vorher war es das Kolonialreich von Bahia bis Goa). Ein Vierteljahrhundert lang kamen jährlich die Finanzspritzen aus der EU. An der Oberfläche – Autobahnen und Einkaufszentren – modernisierte sich das Land ohne eigene Anstrengung. Massenstudiengänge auf niedrigster Qualitätsstufe bei gleichzeitigem Abbau der existierenden Industrien in Nordportugal, die geopfert werden mussten, weil die EU ihren Markt 2005 nach China öffnete und von billigen Produkten geflutet wurde – auf einmal waren die Löhne in der portugiesischen Textilindustrie, dem bis dahin größten Arbeitgeber des Landes, nicht mehr niedrig genug, um mitzuhalten.

Während Deutschland von der Öffnung der neuen Märkte profitierte, war die Entwicklung für ein Land wie Portugal, das auch keine eigene Währung mehr hatte, die es hätte abwerten können, katastrophal. Außer ihrer billigen Arbeitskräfte hatte die portugiesische Industrie keine Wettbewerbsvorteile zu bieten. Und »billige Arbeitskräfte« sind in einem globalen Markt ein Begriff, dessen Elastizität man erst versteht, wenn man den Investitionsfluss nach Vietnam, Bangladesch, Sri Lanka und China verfolgt und die dortigen Arbeitsbedingungen und Gehälter gesehen hat. Auch ich bin vor der Abwärtsspirale auf der Iberischen Halbinsel geflüchtet. Das Niedriglohn-Klima in Portugal und Spanien bedeutet für viele Familien nicht, dass sie mit weniger Geld auskommen müssen, sondern dass sie mit dem Geld, das sie haben, nicht mehr leben können.

Kurz vor unserer Auswanderung wurde Alexandra ein fester Redaktionsplatz bei einem Verbrauchermagazin in Lissabon angeboten – wir haben gute Beziehungen zum Chefredakteur, der ein langjähriger Freund der Familie ist. Alexandra hat 15 Jahre Erfahrung als Journalistin, und es wurde ihr für eine Ganztagesstelle 700 Euro pro Monat angeboten. Das war weniger als unsere Miete in Lissabon und hätte nicht für das Schulgeld an der Deutschen Schule gereicht. Wir hätten überlebt, ich als freier Journalist, sporadischer Korrespondent und freier Mitarbeiter des Goethe-Instituts, meine Frau als Redakteurin. Aber wir hätten unseren Töchtern keine vernünftige Schulausbildung bezahlen können, wir hätten keine akzeptable Gesundheitsversorgung gehabt und hätten den weiteren Absturz des letzten Jahres und der nächsten langen Jahre mitmachen müssen. Jetzt waren wir in Deutschland, und ich fühlte mich dankbar.

»Mir geht es gut«, sage ich meinen Besuchern in Heidenheim und denke dabei: »Ich verdiene doch anständig«, zumindest knapp über dem Durchschnitt in Deutschland. Dabei muss ich keine Ziegelsteine auf einer Baustelle schleppen oder Bürogebäude reinigen. Ein typischer Emigrantenreflex. Danke, Deutschland. Nach fast zehn Monaten in meinem neuen Job als Redakteur in einer Kommunikations- und Werbeagentur durfte ich bereits mehrere Abteilungsleiter und Geschäftsführer mittelständischer Unternehmen auf der Schwäbischen Alb interviewen. Nichts ist für mich so deprimierend, wie das schreiben zu müssen, was mir diese Agenturkunden diktieren. Wenn ich – was Gott sei Dank nicht zu oft vorkommt – an die Pleuelbearbeitungsmaschinen, Schaumstoffabdichtbänder, Kunststoffspritzgussprodukte oder Tablettenpressplatten denke, die sie herstellen, spüre ich ein leichtes Flattern im linken Augenlid. Zu diesen Produkten Kataloge und Kundenzeitschriften zu schreiben ist jetzt mein Brotjob. Ade ihr Höhen und Abgründe der menschlichen Seele, auf denen ein Reporter beruflich segelt, hallo Feinbohrer und Fräsköpfe Made in Schwaben. Hätte ich doch wie jeder anständige Schriftsteller ohne Vermögen die Rosskur als Taxifahrer in New York oder Berlin machen sollen? Das wäre wahrscheinlich eher meine Wahl gewesen, wenn Maria und Sofia nicht wären.

Ich lebe jetzt im Grenzgebiet zwischen Ost-Baden-Württemberg und West-Bayern. Das einzige laute Lachen, das ich bisher außerhalb der Familie zu hören bekam, war mein eigenes, als ich Heinrich Heines Schwabenspiegel im Zug las. Heine fragte sich, was das bedeute, die »Schwäbische Schule«. »Wer gehört denn eigentlich zur schwäbischen Schule?« Ob Schiller oder Hegel gemeint seien, fragte er, »jene Rieseneichen, die bis in den Mittelpunkt der Erde wurzeln und deren Wipfel hinauf ragt bis an die Sterne«? Imaginäre Schwaben gaben ihm die Antwort:

> *»Wir wollen Ihnen die Wahrheit sagen: die Renommeen, die Sie eben aufgezählt, sind viel mehr europäisch als schwäbisch, sie sind gleichsam ausgewandert und haben sich dem Auslande aufgedrungen, statt dass die Renommeen der schwäbischen Schule jenen Kosmopolitismus verachten und hübsch patriotisch und gemütlich zu Hause bleiben bei den Gelbveiglein und Metzelsuppen des teuren Schwabenlandes.«*

Anderthalb Jahrhunderte lang wanderten Generationen junger Schwaben aus. Das Ländle war bitterarm. Doch die, die bei den

Maultaschen zurückblieben und sich nicht »dem Ausland aufdrängten«, müssen Menschen von einem besonderen Schlag gewesen sein. In vielerlei Hinsicht ist die schwäbische Mentalität das Pendant zu der portugiesischen. Alle Portugiesen, die ich kenne, arbeiten sehr hart, wenn sie auswandern und ihr Schicksal selbst in die Hand nehmen. Aber zu Hause, am Meer, sind wir fatalistisch, lassen uns treiben und immer die anderen, »die da oben«, entscheiden.

Heute ist Schwaben die Region der »Hidden Champions« und der »Exportweltmeister«. Mit der notorischen Sparsamkeit ist es nicht zu erklären, so sympathisch mir auch gerade kurz vor der Weihnachtszeit das Motto war, »lieber fünf Minuten geschämt als ein zu großes Geschenk gemacht«. Die, die geblieben sind, waren nicht die mutlosen Zögerer. Sie waren genauso zäh oder zäher als alle, die in der Ferne ein besseres Leben gesucht haben. Sie haben gearbeitet und alles versucht, sie haben alte Maschinen perfektioniert, neue ausgetüftelt, die beste Unterwäsche (Triumph), die erfolgreichste Schokolade (Ritter), die meistverkauften Plüschtiere (Steiff), Haushaltsgeräte (Bosch), Schrauben (Würth), Spezialkugellager (Franke), Autos, Werkzeuge und Werkzeugmaschinen gemacht. Vor allem aber hat Württemberg immer in die Menschen und ihre Ausbildung investiert – auch zu schlechten Zeiten. Auch das sollte Südeuropa von den Schwaben lernen. Mein Urgroßvater Henzler ist in Spanien und Portugal sein Leben lang ein fleißiger Schwabe geblieben. Aber er lernte die Lebenskunst, Großzügigkeit und die gastronomischen Vorzüge des Südeuropas schätzen.

Anders als das Ländle, erholte sich Portugal nie nach seinen Auswanderungswellen. Es ist wie in einer Anekdote: Der Portugiese, der ein Stück Draht findet, steckt es in die Tasche für den Fall, dass er den Auspuff seines Autos demnächst reparieren muss. Ein Schwabe durchbohrt den Draht, schneidet ein Gewinde hinein und exportiert Spezialschrauben. Man braucht kein Kosmopolit zu sein, um Schrauben in China und Kanada zu verkaufen, dafür gibt es Vertriebsleiter, die schlecht Englisch sprechen, aber das Ausfüllen der Bestellformulare in arabischen Zahlen gut beherrschen.

Waren alle Leute, die einen Sinn für Humor hatten, wirklich »gleichsam ausgewandert«, weil sie in ihrem Inneren nicht schwäbisch, sondern europäisch waren? Mein ausgewanderter Urgroßvater war der lebende Beweis, dass auch ausgewanderte Schwaben jahrzehntelang im Ausland ohne einen Anflug von Humor erfolgreich überleben konnten. Ich habe mich oft mit Portugiesen und Spaniern über die teutonische Humorlosigkeit unterhalten. Für mich als Südländer ist Schwaben eine Karikatur dessen, was in der Essenz deutsch ist.

Lachen ist überlebenswichtig für Südländer. Nicht so sehr über etwas lachen, sondern miteinander lachen. Wenn ich in Lissabon oder Madrid mit Freunden oder Kollegen am Tisch sitze, ist Lachen eine Konstante, die das Beisammensein akustisch untermalt. Es muss kein Wein fließen, auch am Arbeitsplatz lacht man täglich viel mit den Arbeitskollegen, über eine absurde Mail, einen Kollegen, der wieder wie ein Pudel dem Chef hinterherläuft, eine Arbeitsanweisung, die zum Schieflachen einlädt – und jeder folgt der Einladung. Wenn es weiter keine Funktion hat, es entspannt die Gesichtsmuskulatur. Als ich 1998 Wirtschaftsredakteur des sehr kurzlebigen Nachrichtenmagazins *Factos* war, gab es am Ende des Monats immer Liquiditätsprobleme. Die Verlagsleitung verteilte die Gehaltsschecks in Briefumschlägen, aber wir wussten schon, dass nur die ersten 15 bis 20 Schecks gedeckt waren. Es fing ein Wettlaufen an, um zu sehen, wer zuerst am Bankschalter stand und seinen Scheck einlösen konnte. Ich habe mich selten am Arbeitsplatz so gut amüsiert.

In einem war Heine wirklich visionär: »Die Weiber im Schwabenlande scheinen überhaupt mehr Energie zu besitzen als ihre Männer, die nicht selten nur auf Geheiß ihrer Ehehälften zum Schwerte greifen.« Auch wenn er damit nur den durch die Textlänge und Gewöhnung etwas lockerer gewordenen Hohn noch einmal strammziehen wollte, um seine Leserschaft weiterhin an der kurzen Leine zu halten. Heine hat das ökonomische Schwerterrasseln der deutschen Sparpolitik zur internationalen Krise um 175 Jahre antizipiert: »Man hätte einfach nur die schwäbische Hausfrau fragen sollen«, sagte die deutsche Bundeskanzlerin zu Anfang der Krise. »Sie hätte eine Lebensweisheit gesagt: Man kann nicht auf Dauer über seine Verhältnisse leben.«

Noch sechs Jahre später, Anfang Februar 2014, schreibt das Wirtschaftsmagazin *The Economist* über das Merkel-Zitat in einem Artikel mit dem Titel »Hail, the Swabian Housewife«. Dazu eine Illustration: eine Frau mit Kopftuch und Besen in der linken Hand, den rechten Arm wie zum Hitler-Gruß in der Höhe. In ihrer rechten Hand, fern aller bettelnden Hände am unteren Bildrand, hält die schwäbische Hausfrau das Portemonnaie mit dem Euro-Logo. Es ist keine englische Boulevardzeitung, sondern das meistgelesene Wirtschaftsmagazin der Welt. Es sind keine Verlierer, keine insolventen Südländer, die das Nazi-Bild mit der deutschen Finanzpolitik in Verbindung bringen. So sehen die Südeuropäer derzeit die deutsche Austeritätspolitik. Deutschland rettet sich und lässt Südeuropa in den Abgrund stürzen. Die südeuropäischen Politiker freuen sich über den deutschen Sündenbock, der sie aus der Feuerlinie nimmt.

Dabei meinte die deutsche Bundeskanzlerin nur, vom gesunden Verstand einer Hausfrau hätten auch die amerikanischen Banker, die die Krise auslösten, lernen können. Mit derselben unumstößlichen Weisheit der »g'scheiten« Hausfrau wird die Sparpolitik, die Südeuropa jetzt langfristig verarmen lässt, gerechtfertigt. Doch während in den USA die Zentralbank seit Jahren Geld in alle US-Staaten – von denen viele hoffnungslos überschuldet sind – pumpt, um das Land am Leben zu halten, geschieht in den armen Ländern der EU zurzeit das Gegenteil. Die mageren Einkünfte schrumpfen, die Schuldenlast steigt, das Geld reicht nicht mehr zum Leben, und die Währung kann nicht abgewertet werden, weil sich die EU als Ganzes an den Euro gefesselt hat – auf Gedeih für den Norden, auf Verderb für den Süden. Von Solidarität und Union spüren die Menschen in Südeuropa sehr wenig.

Die Meinung der meisten Krisenopfer weicht stark ab von den Schlussfolgerungen, die die Bundeskanzlerin und ihr Finanzminister aus der schwäbischen Hausfrauenweisheit ziehen. Sie hätten nicht über ihre Verhältnisse gelebt, sondern wurden in eine Schuldenfalle gelockt, sagen die einen. Andere gehen weiter: Es seien im Grunde »verabscheuungswürdige Schulden«, die nicht zurückbezahlt werden müssen.

Die Sparpolitik in Ländern mit schrumpfender Wirtschaft sei ein grober Fehler, beteuern Finanzexperten, und sogar der Internationale Währungsfond gab 2014 zu, dass die sozialen Kosten der Sparpolitik höher sind als »ursprünglich angenommen«. »Brüssel und Berlin reden weiterhin von Hilfspaketen für Portugal oder Griechenland. Vom ersten, zweiten und vom dritten Hilfspaket. Es sind ›Mogelpackungen‹«, liest man so oder radikaler in sozialen Netzwerken. »Die Milliarden verschwinden im Finanzsystem, und den Menschen wird ihre Existenzgrundlage entzogen.« »Das sind keine Hilfspakete, das sind Brandbomben, die unser Land zerstören.« »Zwei Weltkriege haben die Deutschen verloren, jetzt beherrschen sie uns mir dem Euro.« – So posten portugiesische und spanische Journalisten, die ich immer für moderat gehalten habe.

»Warum haben meine Kinder nicht genug zu essen?«, fragte mich eine junge portugiesische Mutter Ende 2012 während eines Interviews für eine TV-Reportage für den Österreichischen Rundfunk. Sie erzählte mir, dass ihr das Kindergeld gestrichen wurde. »Weil wir eine eigene Wohnung haben. Aber die gehört doch den Banken! Die 450 Euro, die mein Mann verdient, reichen kaum für den Kredit.« Sie stand in Alcântara in Lissabon vor dem angolanischen Generalkonsulat, sie wollte ein Visum und auswandern. Ich fragte sie, warum sie nicht nach Deutschland auswandert. »Mit diesen Nazis will ich doch nichts zu tun haben.« Schneller als der Schuldenberg wuchs der Hass gegen die Troika und die »deutschen Strippenzieher«.

HEIDENHEIM, 2014. An einem kalten Januartag kam Alexandra vom Sprachkurs an der Volkshochschule zurück. Auf dem Hinweg war sie auf Glatteis ausgerutscht, hatte sich aber nicht verletzt. »Etwas anderes hat mir mehr wehgetan«, sagte sie. In der Innenstadt, vor den Schlossarkaden, überquerte sie die Straße, nachdem die Autos an der Ampel angehalten hatten, aber die Fußgängerampel noch rot war. »Eine Frau kam hinter mir her und hat mit mir geschimpft. Ich bin weitergegangen, aber sie lief neben mir her und schimpfte weiter.«

»Das nächste Mal bedankst du dich«, schlage ich Alexandra vor.

»Wie bitte, was soll ich tun?«

»Du sagst auf Deutsch: Danke, Frau Blockleiterin.«

»Was bedeutet das?« »Es bedeutet, sie ist für 50 bis 60 Haushalte verantwortlich.« Wir schauten uns an und lachten. Ich bin der unfreiwillige Deutsche in der Familie, ohne Alexandra wäre ich hier verloren.

So ein Zur-Ordnung-Rufen begegnet einem in Deutschland ständig – und Südländer verstehen es nicht. Eine Tür geht auf im Treppenhaus, weil die Kinder zu viel Lärm beim Treppensteigen machen. Ein Nachbar klopft an, weil die Musik an einem Samstagnachmittag zu laut ist. Was geht uns das Leben der anderen an? Wer sind wir, um unsere Nachbarn zu kritisieren, kontrollieren, denunzieren?

Ich sehne mich nach meinem Leben in der Weltmetropole am Atlantik zurück, dem Leben, das ich wegen des wirtschaftlichen und sozialen Kollapses hinter mir lassen musste. Trägt Deutschland dafür die Mit- oder sogar Hauptverantwortung, dass ihre Länder wirtschaftlich implodieren und das Sozialgefüge auseinanderbricht, wie es die meisten von der Krise gebeutelten Südeuropäer jetzt glauben? Die Südstaaten und ihre Finanzsysteme werden künstlich mit Krediten am Leben gehalten, dafür verlangen die Kreditgeber, allen voran Deutschland, dass die finanzielle Schocktherapie an Menschen durchgezogen wird. Frauen und Männer, deren Hauptfehler es war, der rosigen Zukunft zu glauben, die ihnen auf der politischen Bühne und dem Finanzparkett vorgegaukelt wurde.

Die kranken Länder am Mittelmeer und Atlantik sind keine abstrakten Wirtschaftssysteme. Es sind Menschen, die leiden. Wenn deutsche Politiker gestern sagten und heute wiederholen, das Inflationsrisiko müsse um jeden Preis kontrolliert werden, ist der dafür zu zahlende Preis, dass heute und morgen wieder Menschen sterben, die weiterleben könnten, wenn die Gesundheitssysteme in Südeuropa nicht radikal Ausgaben streichen müssten. In den öffentlichen Krankenhäusern fehlt das Verbandszeug, es fehlen Medikamente, und die Wartelisten für Behandlungen sind so lang geworden, dass sie Tag für Tag das Todesurteil für viele bedeuten.

In Deutschland wird nicht über dieses Elend berichtet. Die deutsche Presse übernimmt die bereinigten Ausdrücke der offiziellen Pressemitteilungen und schreibt von »Hilfspaketen«, als wäre ein neuer Marshall-Plan im Gange. Das Gegenteil ist der Fall. Die Menschen stürzen in die Armut. Viele Kinder bekommen die einzige Mahlzeit am Tag in der Schulkantine, weil ihre Eltern kein Geld für ein Frühstück oder Abendessen haben. Deswegen machen die Schulkantinen jetzt auch an Feiertagen die Türen auf. Aber Deutschland schnürt weiter an virtuellen Hilfspaketen oder konzipiert Stress-Tests für die Banken in den Krisenländern.

Ich muss mir vor Augen halten, weswegen ich nach Deutschland gekommen bin. Ich bin wegen des sozialen Friedens, des Bildungsangebots für Kinder und des Gesundheitssystems in Deutschland. Darf ich also schlecht über Deutschland reden? Und über Schwaben? Mein Urgroßvater war von hier. Ich habe schwäbische Cousins, die im Aichtal leben. Deutsche Cousins und Cousinen, die in Nordrhein-Westfalen, Niedersachsen und Bayern leben. Meine Geschwister leben in Berlin, München, Düsseldorf und im Münsterland. Ich bin ein Einheimischer oder so ähnlich.

Darf ich in meiner Position Deutschland kritisch beurteilen und gleichzeitig von Deutschland profitieren? Ich brauche ein halbes

Dutzend kurzer Sätze, um mir selbst die Antwort auf diese Frage zu geben: In erster Linie bin ich ein Europäer. Meine Wurzeln in den letzten drei Generationen gehen von der Westküste Europas bis an die polnische Grenze. Drei Viertel meiner Vorfahren mütterlicher- und väterlicherseits waren Deutsche. Ich lebe jetzt hier. Meine Kinder sollen hier leben, wenn sie es möchten. Ich arbeite, so viel ich kann, und das Profitieren beruht auf Gegenseitigkeit. Also: Ich darf Deutschland nicht so kritisch beurteilen. Ich muss es tun. Sonst würde ich meiner Verantwortung als Familienvater und Chronist nicht gerecht. Es ist nicht so, als wäre ich hier zu Besuch und müsste ein paar nette Worte zu der Blumenvase auf dem gehäkelten Deckchen, der Kuckucksuhr und dem Ölschinken an der Wohnzimmerwand sagen.

In Portugal musste ich mich wegen meines nicht-portugiesischen Nachnamens und wegen der Verteidigung der Bundeskanzlerin als Person, nicht als Hobby-Ökonomin, im Verlauf der Krise immer öfter rechtfertigen. Als Ausländer dürfte ich Land und Leute nicht so kritisieren, warfen mir konservative Leser, Gesprächspartner und Diskussionsgegner vor. Dagegen hatte ich ein Argument, das meistens griff: Mein portugiesischer Urgroßvater, Vieira Branco, war wegen Bravour auf dem Schlachtfeld mit den höchsten militärischen Orden ausgezeichnet worden. Das sollte mir das Recht geben, ein Verbrechen »Verbrechen« und Dreck »Dreck« zu nennen und nicht Bankenaufsicht, Regierungsmannschaft, Fernseh- oder Privatisierungsprogramm.

Es war mir klar, dass mein Beruf in Deutschland nicht gefragt ist. Ich bin Journalist. Kurz bevor ich letztes Jahr nach Deutschland kam, entließ die Funke-Gruppe 200 Mitarbeiter. Kurz darauf setzte der Springer-Verlag weitere 200 auf die Straße. Die *Frankfurter Rundschau* stand vor dem Abgrund. Als Journalist war ich doppelt von der Krise betroffen: der des Journalismus und der Südeuropas. Aber so schnell wollte ich nicht aufgeben, auch wenn wir beide, der Journalismus und ich, etwas zu alt für die Leser-Generation waren, die alles in 140 Zeichen bei Twitter lesen wollen.

Meine Frau schaute mich an, als die Kinder im Heidenheimer Garten ihren ersten Schneemann bauten, und sagte: »Wir sollten dankbar sein.« »Wofür eigentlich? Die deutsche Export-Industrie braucht mich doch nicht wirklich.« Alexandra umarmte mich und lachte. »Aber ich brauche dich und die Kinder auch«, sagte sie.

Danke, Deutschland. Vielleicht kann ich doch noch etwas für dich tun (Deutschland und ich duzen uns schon länger).

KAPITEL 6

Illusion und Halluzination

LISSABON, OKTOBER 2007. Die alte Frau stand mit dem Rücken zum See des Gulbenkian-Parks, gestikulierte und redete auf mich ein. »Mein Mann war ein bekannter Bildhauer, seine Familie hatte Geld, wissen Sie, ich nicht. Aber er vertraute mir. Ich bin ohne Vater aufgewachsen. Wir sind sofort hierhergezogen, in eine sehr schöne Wohnung.« Sie zeigte mit dem Finger jenseits der Baumreihe am Parkrand. »Die ist ein Vermögen wert, wissen Sie.« »Ein Vermögen wert«, wiederholte die Frau.

Ich lebte erst seit ein paar Monaten in einer teilrenovierten Altbauwohnung am Park des Gulbenkian-Museums und verbrachte die Spätnachmittage oft in dieser grünen Oase mitten im Großstadtchaos. Es war mein neunter Umzug im Innenstadtbereich gewesen, so hatte ich als Wahllissabonner nach und nach alle Gassen und Promenaden der Hauptstadt kennengelernt.

»Meine Wohnung ist ein Vermögen wert«, sagte die Frau zum dritten Mal. In Lissabon leben exzentrische und verrückte Menschen. Wer zu welcher Gruppe gezählt wird, ist eine in erster Linie wirtschaftliche Unterscheidung: Wenn sie Geld haben, sind sie Exzentriker, wenn nicht, einfach Verrückte. In jedem Fall hörte ich ihnen immer aufmerksam zu. Was sie erzählen und tun, sagte auch viel über den Zustand der »normalen« Menschen aus.

Ich saß auf der niedrigen Betonmauer, die Füße im Gras, und blickte über die Wasserfläche voller Seerosen zu dem gedrungenen, wuchtigen Museumsgebäude auf der anderen Seite, einem Quader aus Beton und Granit in der Mitte des Parks, nüchtern, grau und sachlich. Die große, grüne Gartenanlage drum herum dagegen verspielt und verträumt. Ein armenischer Öl-Milliardär hat sie in den

60er-Jahren den Lissabonnern geschenkt. Die Gulbenkian-Stiftung ist ein Anlaufpunkt für Touristen, die in Lissabon mehr suchen als gelbe Straßenbahnen, enge Gassen mit Wäscheleinen vor den Fenstern und den Klang melancholischer Fado-Akkorde. Ob Wim Wenders oder Allan Tanner, um bei den Regisseuren zu bleiben, die Lissabon gefilmt haben, es ist schwierig, sich nicht von den Allgemeinplätzen in Portugal vereinnahmen zu lassen.

Döblin, Zweig, Feuchtwanger oder Heinrich Mann, die auf ihrer Flucht aus Deutschland in Portugal Zuflucht fanden, waren nicht lange genug im Land gewesen, um eine Autopsie der portugiesischen Seele vorzunehmen (obwohl Döblin treffend schrieb, Lissabon sei eine einzige Lärmmaschine und die Spuckgewohnheit portugiesischer Männer auf den Gehwegen nicht unbedingt erbaulich).

Eine kleine Gruppe alter und junger Leute machte Tai-Chi am Seeufer, auf dem Rasen lagen Studenten und Touristen, Mütter spielten auf Decken mit ihren Kleinkindern. Meine Frau war schwanger, ich würde in vier Monaten zum ersten Mal Vater werden. Ich lächelte und hörte der Frau zu. Ihre fragmentarischen Geschichten hatte sie mir schon mehrmals erzählt. »Mein Sohn, der Arzt, hat von uns eine Wohnung bekommen, als er das Studium beendete. Aber meine Tochter, die Arme, ist nicht so intelligent. Sie kriegt später mal unsere Wohnung. Die ist ein Vermögen, ein großes Vermögen wert.« Ich benutzte meine Hand kurz als Schutz vor dem Sonnenlicht und schaute freundlich zu ihr hinauf. Alle Portugiesen dachten, ihre Immobilien seien ein Vermögen wert.

Die alte Frau im Park stand hoch über mir, wirkte groß wie ein Berg, trug einen karierten langen Rock, ein weites Seidenhemd, die Brillengläser schon milchig und alt, und machte ausschweifende Bewegungen. Sie regte sich wie üblich auf am Ende ihrer Geschichte: »Da sagt mir mein Sohn, der Arzt, ›ich will nichts von Ihrer Wohnung wissen, Mutter‹. Können Sie sich das vorstellen? ›Ich habe wahrscheinlich schon sechs- oder siebenmal mehr Geld als Sie‹, sagte er mir. Können Sie sich das vorstellen?«

Portugal schwamm in Zuversicht, die Immobilienblase, die niemand wahrnehmen wollte, die billigen Kredite, die Gelder aus der EU, all dies gab den in persönlicher Finanzplanung wenig geschulten Portugiesen die Illusion des Wohlstands. Es war bereits der Anfang vom Ende der Illusion. Mit dem Ende des Geldes kamen erst die gemischten Gefühle, dann der Groll.

Alexandras und mein neuer Vermieter, Senhor Santos, wollte uns die Wohnung erst nicht vermieten. Er versuchte sie zu verkaufen. Knapp 90 Quadratmeter in einem heruntergekommenen Wohnhaus mit sieben Etagen aus den 40er-Jahren. Überall blätterte die Farbe von der Außenfassade, die Türen zum Hof und die Haupteingangstür des Hauses waren verrostet. Für die schöne, aber nur oberflächlich renovierte Wohnung mit drei kleinen Schlafzimmern, alten Holzfenstern und ein 25 Quadratmeter-Wohnzimmer wollte er 250 000 Euro. Auf der anderen Straßenseite in einem neu gebauten Haus waren ähnlich große Neubauwohnungen für 380 000 Euro verkauft worden. Aber der große Boom war schon vorbei, man konnte fast hören, wie die heiße Luft langsam der Immobilienblase entwich. »Einen Kredit bekommen Sie doch ohne Probleme, auch eine 100-Prozent-Finanzierung«, sagte mir Senhor Santos, der in einer Bank arbeitete und kurz vor der Rente stand. Ich wollte keine Wohnung kaufen. »Später vielleicht«, sagte ich, und wir einigten uns auf eine viel zu hohe Miete. Aber die Wohnlage war einfach bezaubernd, ein Baby war unterwegs, und eine hohe Miete war mir lieber als ein exorbitanter Kaufpreis, für den wir einen Kredit hätten aufnehmen müssen.

In den ersten Jahren der Krise war Deutschland für die Einheimischen der Iberischen Halbinsel noch das gute, zuverlässige Zugpferd, das den schwächeren Ländern den Berg hoch half (die gängigere Metapher in der Wirtschaftspresse ist die »deutschen Lokomotive«). Es ging aufwärts, dachten die meisten, und der Aufstieg vom armen Europäer bis zum Wohlstand eines Deutschen oder Skandinaviers schien gar nicht so schwierig. Die wichtigste Aufgabe, der EU und der Gemeinschaftswährung war es, aus der

Perspektive des Südens die armen Europäer auf das Einkommensniveau Nordeuropas zu hieven. Portugiesen und Spanier glaubten wirklich daran und lebten entsprechend dieser Überzeugung. Die meisten waren am euphorischsten, als die Wirtschaft bereits schon schrumpfte (2003 erstmalig und dann kontinuierlich ab 2008) und die Verschuldung, private und öffentliche, unhaltbar wuchs. Solange alle optimistisch waren und sich über ihre materiellen Errungenschaften freuten, wurden die reichen deutschen Nachbarn, die damals wie heute das Sagen über Europas Geldpolitik haben, bis auf wenige Ausnahmen hoch geschätzt.

Cristovão Matos war eine solche Ausnahme gewesen. Der langhaarige Veteran des portugiesischen Kolonialkriegs verlor seinen Job als Wirtschaftsjournalist in Lissabon lange vor Beginn der Krise. Er hatte beim Wirtschaftsblatt *Económico* ein paar Redaktionstische von mir entfernt gearbeitet, aber ich las seine Artikel über Autos so gut wie nie. Der Gedanke, dass ich zehn Jahre später Ressortleiter der Autoabteilung eines Lifestyle-Magazins werden sollte, lag mir fern. Seinen letzten Artikel musste ich lesen. Er warf ihn mir auf den Tisch.

Portugiesen und Spanier gehen großzügiger mit Schimpfwörtern um. Er zeigte mit ausgestrecktem Finger auf die Zeitung, die er auf meinen Schreibtisch geknallt hatte: »Deswegen haben mich die Hurensöhne im Vorstand gefeuert. Schlappschwänze, die sich vor den Scheißdeutschen hinknien.« Und weg war er. Es war nicht schwierig, zu erraten, warum er gefeuert worden war. In dem langen Artikel über einen neuen Mercedes schrieb er im ersten oder zweiten Absatz, Daimler-Benz habe für die Crash-Tests »diesmal keine Juden eingesetzt«.

Südeuropäer verstehen die Empfindlichkeiten des deutschen Kriegstraumas oft nicht. Acht Jahre vor dem offiziellen Beginn der Krise berichtete mein damaliger Chefredakteur Horácio Piriquito in der Wirtschaftszeitung *Semanário Económico* als Aufreißer auf der ersten Seite den Haupttitel der Ausgabe. Thema war die bevorstehende Einführung der europäischen Währung in Spanien und

Portugal. Stolz auf seine Deutschkenntnisse zeigte er mir vorab die erste Seite. Mit fettgedruckten Blockbuchstaben las ich »Heil Euro«. »Das ist nicht dein Ernst«, sagte ich zu ihm. »Gut, nicht? Ist doch richtig geschrieben ›Heil‹, oder?«, fragte er. Meine Einwände und Erklärungen winkte er ab, und die Zeitung erschien. Ich erinnere mich, wie peinlich es mir war, als mich mein Vater wegen der Titelstory anrief. Mein Vater war Deutscher des Jahrgangs 1933 und hatte seine Kindheit und Jugend im Krieg und in Kriegstrümmern verbracht.

Das gegenseitige Unverständnis zwischen Deutschen und seinen Iberischen Nachbarn trat auch vor der Krise zwischendurch immer wieder an die Oberfläche. Als der deutsche Chef des Volkswagenwerks in Palmela, südlich von Lissabon, in einem Interview sagte, Portugiesen seien gute Arbeiter, wenn »sie von Deutschen beaufsichtigt werden«. Oder als sich der damalige deutsche Bundespräsident Johannes Rau auf Staatsbesuch in der portugiesischen Hauptstadt über die spürbare »Nähe zu Afrika« freute. Heute ist das, was früher ungeschickte Ausrutscher auf beiden Seiten waren, der normale Umgangston.

Antideutsche Sprüche und Aggressivität gegenüber Deutschland sind 2014 allgegenwärtig in Portugal und Spanien. Auf den Hauswänden, in der Presse, im Fernsehen und in den sozialen Netzen, jeden Tag, tausendfach. Diese negative Kommunikation findet in beide Richtungen statt, wenn auch nicht proportional, denn Deutschland nimmt den Süden seltener wahr und scheint die akute Beziehungskrise nicht registrieren zu wollen. Während ich dieses Buch schreibe, publizieren meinungsbildende deutsche Medien wie die *Süddeutsche Zeitung* oder *Der Spiegel* abwertende Titelgeschichten über Südeuropa, zum Beispiel von der Armseligkeit, der auf Kabeljau und Sardinen beschränkten portugiesischen Küche oder den Immobilienvermögenswerten, die die faulen Südeuropäer haben und die armen Deutschen nicht (Erstere in der *Süddeutschen Zeitung* basiert auf kulinarische Unkenntnis, Letztere im *Spiegel* auf Milchmädchenmathematik und Faktenmanipulation). Den meisten Deutschen ist das, was in Südeuropa passiert, unbekannt. Oder sie wollen es nicht wissen, wenn sie sich irgendwo in Spanien oder Portugal auf den Strandliegen sonnen.

Die gegenseitigen Anschuldigungen, das Unverständnis, der Egoismus als einziges Ziel vor Augen, das Aufleben der alten Vorurteile – »Nazis« auf der einen Seite, »Schmarotzer« auf der anderen – und die Bestrafung der Jugend Südeuropas mit einer unbezahlbaren Altschuld, die ihr heute schon die Zukunft raubt, sind nicht ein Teil der Lösung für die europäische Krise. Wie bei allen Konflikten werden die Seiten aufeinander zugehen müssen. Das wird Schuldenschnitt und Schuldeingeständnis bedeuten müssen. Und die deutsche Politik muss anfangen, im europäischen Ausland etwas für ihr Image zu tun, statt zu denken, Deutschland sei eine Insel der Autarkie, unabhängig von dem, was um sie herum passiert. Deutschland braucht eine Kommunikationsstrategie, die die Sprache und die Kultur Südeuropas berücksichtigt.

Wer weiß in Berlin, was in den ambitionierten jungen Menschen in Südeuropa vorgeht, die nach dem Studium einen zweiten Studiengang anfangen, weil es keine Arbeit für sie gibt? Nebenbei räumen sie Waren ein in Supermarktregale, sind minderbeschäftigt als Telefonberater oder hocken bei ihren Eltern im alten Kinderzimmer, weil es in diesem Europa nichts für sie zu tun gibt. Andere haben schon die erste Berufsausbildung aufgegeben. Fabriken und Geschäfte schließen überall Tore und Türen.

Ich kenne viele junge Menschen aus meiner Familie und meinem Bekanntenkreis, die nichts zu tun haben und daran verzweifeln. Manche gehen jeden Tag im Atlantik surfen, und die einzige Zukunft, die sie kennen, während sie auf ihrem Brett treiben, ist die nächste Welle. Die kommt bestimmt. An einen Job dagegen glauben sie nicht mehr. Andere sitzen vor ihren PCs, vor dem Fernseher, starren in ihre Smartphones, die in monatlichen Raten abgezahlt werden, immer online, aber von der Wirklichkeit abgeschaltet. Überall im Süden nimmt die Jugendkriminalität zu, die Zahl der Selbstmorde unter Jugendlichen steigt, wer mutig ist und verzweifelt genug, verabschiedet sich und sucht sein Glück in einem fremden Land.

Allein aus Portugal, einem Land mit weniger als zehn Millionen Einwohnern, wanderten im Jahr 2013 fast 150 000 Menschen aus. Mehr als zu Zeiten der Wirtschaftskrise der 1960er und der blutigen Kolonial- bzw. Unabhängigkeitskriege – je nach Perspektive – in Angola, Mosambik und Guinea-Bissau. Um nicht eingezogen und nach Afrika verschifft zu werden, flohen hunderttausende damals nach Frankreich (der Anzahl portugiesischer Einwanderer nach ist Paris die zweitgrößte portugiesische Stadt in Europa). Die Brüsseler Bürokraten nennen diesen gewaltigen Strom meist junger Menschen, dem sich ein Großteil meiner Freunde und ich anschließen mussten, »freien Personenverkehr«. Ich nenne uns Wirtschaftsflüchtlinge, die vor der Aussichtslosigkeit und dem Elend fliehen müssen.

LISSABON, JANUAR 2008. »Schon wieder eine Wirtschaftsflaute?«, sagte der *GQ*-Chefredakteur Tony Smith mit einer abwehrenden Handbewegung, als ich ihm eine Wirtschaftsstory mit dem Arbeitstitel »Das Ende ist nahe« für das Magazin vorschlug. Sie kamen doch zyklisch, die kleinen Krisen, die der 70er, der 80er und 90er, trafen mal die Textilarbeiter, mal die Landwirte und Fischer oder die Einzelhändler, meistens Familien mit geringeren Einkommen und bereits an schwierige finanzielle Situationen gewöhnt. Und nach einem oder anderthalb Jahren sprach niemand mehr davon.

Diesmal sollte es anders sein. João Matos., ein langjähriger Freund und Broker bei der Bank Grupo Espírito Santo, war bereits im Vorjahr, 2007, nach Luxemburg ausgewandert. »Wir haben alle schlechte Karten in der Hand. In weniger als einem Jahr sind wir alle platt«, sagte er. Die Frist schätzte er falsch ein, aber die Diagnose war richtig.

Andere enge Freunde verließen die Iberische Halbinsel ebenso frühzeitig, zum Beispiel Ana Matos, eine Psychologin, die nach langer Zeit mit unregelmäßigen Gelegenheitsjobs in Portugal schließlich in einem Call-Center in Amsterdam eine Arbeit fand. Heute ist sie erfolgreich in einem internationalen Konzern in den Niederlanden tätig. Viele Nachbarn und Freunde versuchen in Angola, Australien, Brasilien, Mosambik, in der Schweiz oder in Deutschland eine neue Existenzgrundlage zu finden. Alle redeten auf einmal davon, das Land zu verlassen. Es war neben Fußball nun eines der Hauptthemen, wenn ich Freunde traf oder die Gespräche an den Nebentischen in den Cafés hörte.

LISSABON, FEBRUAR 2013. Weniger als ein halbes Jahr bevor ich selber auswanderte, führte ich als Online-Redakteur des Goethe-Instituts in Lissabon ein Gruppeninterview mit sechs jungen Menschen, die einen Deutschkurs besuchten. Sie waren alle Krankenpfleger, an denen es in portugiesischen Krankenhäusern chronisch mangelt. Drei Jahre lang waren diese Männer und Frauen ausgebildet worden. Insgesamt hatten sie seit ihrer Einschulung 15 Jahre lang das Schul- und Fachhochschulsystem in Portugal durchlaufen. Ihre Eltern hatten in dieser Zeit mehr als 100 000 Euro in ihre schulische und berufliche Ausbildung investiert. Der Hauptanteil der Steuergelder des Landes fließt seit Jahrzehnten in das riesige Bildungs- und Erziehungsministerium. Es ist ein enormer Kraftakt des Landes, um die verlorene Zeit aufzuholen – vom Massen-Analphabetismus der 60er zu einer gut oder zumindest besser ausgebildeten Jugend. Riesige Summen investierte Portugal 25 Jahre lang aus öffentlichen und privaten Kassen in diese Generation.

Diese sechs jungen Frauen und Männer hatte jetzt ein Münchner Krankenhaus auf einen Streich unter Vertrag genommen. Bald stand auch ihnen die Reise in ein neues Leben bevor. Sie mussten nur noch schnell etwas Deutsch lernen. Die Mitarbeiter des Goethe-Instituts in Lissabon waren überfordert. Das Goethe-Institut wurde nicht dazu geschaffen, einer immer größeren Anzahl von Einheimischen in Crash-Kursen Deutsch beizubringen, damit sie möglichst schnell in deutschen Kliniken Medikamente austeilen oder in Fabrikhallen schrauben können.

Ich stand vor den jungen Krankenpflegern im Café des Goethe-Instituts in Lissabon und fühlte mich manipuliert. Ich sollte eine traurige Geschichte schönschreiben und eine Erklärung liefern, warum es gut war, dass diese jungen Menschen ihr Land verließen. Ich konnte es nicht, aber ich brauchte den Job als Online-Redakteur. Brauchte ich ihn wirklich? Der Artikel, den ich über das Thema verfasste, wurde mir vom Goethe-Institut bezahlt. Er wurde aber, soweit ich weiß, nie veröffentlicht – zumindest habe ich ihn online gesucht und nirgends gefunden. Mein Artikel hatte den Erwartungen meines Auftraggebers wahrscheinlich nicht entsprochen. Ich bekam seitdem nicht wieder einen Auftrag vom Goethe-Institut. Ich nehme es meinen ehemaligen Kollegen und der Institutsleitung nicht übel. Sie machen nur ihren Job und wollen ihn wahrscheinlich behalten. Wir waren alle überfordert. Wie sollte ich über diese Mädchen und Jungen, diese neuen Auswanderer, die altersmäßig meine Kinder sein könnten, schreiben, ohne zu sagen, dass ihre Eltern unglücklich waren? Südeuropa ist dabei, die Jugend zu verlieren.

Manchmal frage ich mich, was aus Filipa Alves, André Santos, Ana Pinto, Sara Oliveira, Joana Alberto und Ruben de Sousa geworden ist, die alle im Mai 2013 im Deutschen Herzzentrum München ihre erste Arbeitsstelle angetreten haben. Haben sie im Goethe-Institut so gut Deutsch gelernt, dass sie an einem OP-Tisch stehen und alles verstehen? Das war eine ihrer größten Befürchtungen. Und was ist aus den Menschen in Portugal geworden, die ihre beruflichen Qualifikationen und die ihrer vielen anderen ausgewanderten Kollegen gebraucht hätten?

LISSABON, JANUAR 2014. Schräg gegenüber dem Nebeneingang zum Gulbenkian-Park liegt in einem drei Stufen unter dem Bürgersteig gelegenen Keller die Schuhmacherwerkstatt von José Cidra zwischen einem leeren Juweliergeschäft und einem Café ohne Kunden eingekeilt. Der alte Schuster, die Haare wie mit Schuhcreme schwarz gefärbt, staunt, als ich ihn schon bei der Bestellung nach dem Preis für ein paar Ledereinlegesohlen frage, die er für mich oft nach Maß mit einem Teppichmesser aus dickem Leder schneidet. »Vier Euro. Wie immer, lieber Nachbar. Was haben nur alle heute mit meinen Preisen? Vorhin war eine Kundin da, der Wagen mit Chauffeur hielt hier vor der Tür. Ein Paar Designerschuhe aus Reptilleder hat sie abgeholt und fand zehn Euro teuer für neue Absätze und meine Arbeit. Was ist los mit den Leuten?« Es müsse wohl die Krise sein, versuchte ich ihn zu beschwichtigen. »Die Krise? Welche Krise?«, erwiderte er aufgebracht.

Mit einer ausschweifenden Geste zeigt er um sich in dem kleinen dunklen Kellerraum voller Schuhe, ich weiche dem Teppichmesser gerade noch aus. »Krise ist seit meiner Geburt, und ich bin über 70, ich habe noch nie etwas anderes gesehen als Krise, und ich habe geschuftet, hier, mein ganzes Leben. 20 Jahre war ich Gastarbeiter in Luxemburg, habe alles Mögliche gemacht, damit meine Söhne studieren konnten.« Er holt Luft. »Der Jüngere, Bruno, ist Bildhauer und macht Ausstellungen, da vorne«, er zeigt zum Laden heraus auf das Gulbenkian-Museum auf der andren Straßenseite, »der andere ist Professor für Anthropologie in Berkeley in den Vereinigten Staaten«, sagt er, als sagte er, dass es sich gelohnt hat.

HEIDENHEIM, APRIL 2014. Gute Nachrichten aus Griechenland verbreiten die Europäische Zentralbank und die EU-Kommission im April. Der griechische Staat nahm erstmalig mehr ein, als er ausgab. Gute Nachrichten auch aus Portugal: sinkende Arbeitslosenzahlen und ebenfalls erfolgreiche Rückkehr an die Finanzmärkte. Manchmal möchte man an die konspirative Chemtrail-Theorie glauben: Die Kondensstreifen am Himmel müssen tatsächlich halluzinogene Stoffe enthalten, wenn das jemand so abnehmen soll. Ein Analyst der Deutschen Bank nannte diese Neuigkeiten Anfang Mai, drei Wochen vor dem Urnengang für das Europaparlament, diskret »wahlkampfbedingte Erfolgsmeldungen«.

Die Auswanderungswellen und die Arbeitslosen, die keine staatliche Unterstützung mehr erhalten und nicht mehr erfasst werden, erlauben es, die Zahl der Arbeitslosen in Portugal um zwei Prozentpunkte herunterzurechnen. In Griechenland sind die Haushaltsrechnungen zwar sehr kreativ, aber nicht sonderlich realistisch. Die »guten Nachrichten« sagen nicht, dass, wenn der griechische Staat die Zinsen auf seinen Schuldenberg, der schon fast 180 Prozent des Bruttoinlandsprodukts beträgt und weiter steigt, berechnet und bezahlt, das Land heute viel tiefer in den roten Zahlen steckt als zu Anfang der Krise.

Auch Portugal kehrt in den offiziellen Nachrichten – kurz nach Griechenland Anfang dieses Jahres – »erfolgreich« zurück an die Märkte, um sich neu zu verschulden, und das zu tragbaren Zinsen von »nur 3,6 Prozent«. Dass die Gründe dafür das billige Geld und die Zusage der Europäischen Zentralbank sind, die Krisenländer weiterhin zu unterstützen, komme, was wolle, liest man nur zwischen den Zeilen. Optimismus muss verbreitet werden. Nach wie vor gilt in jeder Wirtschaftskrise, was Mark Twain schrieb: »Es gibt drei Arten von Lügen: Lügen, verdammte Lügen und Statistiken.« Die Staatsschulden in Spanien sind 2013 gegenüber dem Vorjahr um 8,7 Prozent auf 961 Milliarden gestiegen und erreichten auch in Portugal und Griechenland Rekordwerte. Aber das ist kein Stoff für Schlagzeilen kurz vor den Europawahlen. Am Ende werden die deutschen Steuerzahler und Sparer solidarisch sein müssen, ob sie wollen oder nicht. Die Alternative wäre, das Euro-Kartenhaus und die EU selbst implodieren zu lassen.

KAPITEL 7

Die Krise I

ALGARVE, JUNI 2013. Ein Mann mittleren Alters stand vor der Klingelanlage unserer Haustür an der Praia da Rocha in der Algarve und suchte mit ausgestrecktem Zeigefinger, den Kopf leicht im Nacken. Zwei englische Touristen im Rentenalter und Bermudashorts blieben kurz stehen und schauten ihn an. Sie liefen schmunzelnd weiter. Es war ein merkwürdiges Bild für einen Badeort im Sommer am helllichten Tag: Der Mann trug einen schwarzen Frack, hatte einen Gehstock in der Hand und einen schwarzen Zylinderhut auf dem Kopf.

Als ich näher kam, drehte er sich zu mir um. Ich sah sein ernstes, dunkles Gesicht über dem weißen Hemd mit schwarzer Fliege. »Guten Tag, Sie wollen doch hoffentlich nicht zu mir?«, fragte ich. »Guten Tag«, antwortete er höflich. »Nur wenn Sie Dr. Norberto Costa sind.« »Nein, der bin ich nicht.« »Dann können Sie ja froh sein«, er schaute ernst.

Die Herren im Frack sind im ganzen Land bekannt. Sie treiben Schulden ein. Lauern den Schuldnern an der Haustür, am Arbeitsplatz oder im Kaffeehaus auf. Folgen ihnen auf Schritt und Tritt. Es ist nur ein weiterer Pinselstrich Surrealismus im Krisenszenario.

Ob die Herren im Frack mit ihrem Psychotrick der öffentlichen Bloßstellung noch Erfolg hatten? Es schämte sich kaum jemand mehr, Schulden zu haben oder arbeitslos zu sein. Der portugiesische Staat selbst war schon vor Ausbruch der Krise der unverschämteste Schuldner und Zechpreller. Lieferanten, Dienstleister und selbst internationale Konzerne verzweifelten und mussten, zum Teil jahrelang, auf ihre Forderungen warten. Manche gingen deswegen in die Insolvenz. Andere stellten die Lieferungen irgendwann ein oder drosselten sie stark. Letzteres taten die Schweizer Pharmaunternehmen, und die Medikamentenreserven in den Krankenhäusern sanken auf ein für viele Patienten lebensgefährliches Niveau.

Über zwei Jahre waren die portugiesischen Krankenhäuser im Zahlungsverzug. Der portugiesische Gesundheitsminister erklärte noch 2012 die offizielle Position des bankrotten Landes: das Bezahlen der Schulden an die Pharmafirmen sei »keine Priorität«. Wie tief die Krise die Mentalitäten aufwühlen kann, merkte ich an mir selbst: Nie hätte ich gedacht, einmal aufrechte Sympathie für die Position internationaler Pharmakonzerne empfinden zu können, aber die Schweizer Unternehmen hatten zwei Jahre lang weitergeliefert, obwohl sie ihre Produkte nicht bezahlt bekamen. Sie teilten das Schicksal der portugiesischen Unternehmer, die für den Staat arbeiteten, die Obst an Schulkantinen lieferten, Plakate entwarfen oder Straßen instand hielten. Die Beschwerden der Politiker mit Verantwortung im öffentlichen Gesundheitssystem, dass die »ausländischen Konzerne menschenverachtende, profitbesessene Instrumente« des Kapitalismus seien, waren komödienreif. Es war eine tragische Komödie. Die Politiker spielten seit 15 Jahren das Spiel der Banken, die die Strippen zogen und alle wichtigen Akteure auf der politischen Bühne mit Topjobs versorgten, wenn sie für ein paar Jahre in die Opposition mussten. Der Wirtschaftswissenschaftler Paul Krugman nennt dieses Spiel zwischen den Banken und der Politik schlicht »die Drehtür«.

Von Anfang der Krise an hieß es für die portugiesischen und spanischen Banken, unbegrenzte staatliche Unterstützung und Rückendeckung zu sichern. Das Hauptargument: Im Gegensatz zu den anderen Akteuren der Wirtschaft seien die Banken »systemrelevant«. Während den Krankenhäusern, Hochschulen und dem Justizapparat das Geld ausging, wurden fortlaufend Milliarden in die Banken gepumpt. Dass »Systemrelevanz« in erster Linie bedeutete, die Gesellschafter und die internationalen Gläubiger der Banken vor Verlusten zu schützen, wurde niemandem gesagt und von den Medien und der Politik als »konspirative Theorie« abgetan.

Erstaunlich, dass die renommiertesten unabhängigen Wirtschaftswissenschaftler dieser »konspirativen Theorie« verfallen sind. Diese sagen, dass erst die Diagnose und dann auch noch die Therapie falsch waren. Und fügen hinzu: Die ausufernde Staatsverschuldung in Portugal und Spanien sind nicht der Grund, sondern eine Folge der Krise und entsprechen den Kosten, die Banken am Leben zu halten.

Aus den sogenannten Rettungspaketen flossen mehr als 40 Milliarden an die spanischen Banken, über 50 Milliarden an die vier größten griechischen Banken (in Portugal dürften es mehr als 20 Milliarden gewesen sein). Mit diesem Geld musste das Kapital der Banken aufgestockt werden, die mit Großprojekten, kleinen Immobilienkrediten und toxischen Finanzprodukten gezockt und verloren hatten. Man hätte wie in vielen anderen Ländern (z. B. in den Vereinigten Staaten) die Gläubiger statt der Steuerzahler belasten können. Damit hätte man in jedem Krisenland zweistellige Milliardensummen sparen können. Die Krise, mit allen Opfern, die sie abverlangt, ist in Spanien und Portugal seit der ersten Stunde eine Bankenkrise.

Aber die Hilfsmilliarden für die Banken zu bekommen, musste der Staat »abspecken«. Für den portugiesischen Staat bedeutete die Krise, bei immer knapperer Kassenlage die Gläubiger außerhalb des Finanzsystems hinzuhalten. Politik und Banken leben im Süden seit vielen Jahrzehnten in einer für die Realwirtschaft und Unternehmen destruktiven Symbiose und lassen sich nicht gegenseitig fallen.

MADRID, JANUAR 2014. Cristina von Spanien, Tochter des nicht mehr ganz fitten, damaligen Königs Juan Carlos, wurde als Mitwisserin der Steuervergehen und Betrügereien ihres Mannes Iñaki Urdangarin seit Monaten am Nasenring durch die Manege gezogen. Einzig denkbarer Grund für eine Kollegin von der spanischen

Tageszeitung *El País:* Die Geschichten um das Liebesleben der Prinzessin und die Finanzgeschäfte ihres Mannes sollten vom Skandal der Finanzsystemfinanzierung ablenken, durch die Spaniens Wirtschaft systematisch ausgelaugt wurde und das Sozialgefüge zu zerreißen drohte. In Krisenzeiten ist jedes Ablenkungsmanöver recht, um die eigenen Interessen zu wahren. In Portugal sind es mangels einer Monarchie andere »Telenovelas« wie die kleinen Betrügereien, die Flucht und die Festnahme des Vereinsvorsitzenden vom Fußballklub Benfica Lissabon, João Vale e Azevedo, oder die dubiosen Geldgeschäfte und Mordanklage gegen den ehemaligen parlamentarischen Fraktionsführer der Regierungspartei Domingos Duarte Lima. Beim Schach nennt man solche Figuren Bauernopfer. Aber die meisten Menschen interessieren sich ohnehin mehr für Reality-TV und Fußball, Spektakel, die, in einem Land, in dem kaum gelesen und nur sehr wenige Zeitungen gekauft werden, den Großteil der Sendezeit füllen.

Menschen brauchen Ablenkung von der Krise, und es ist im Interesse der strategisch denkenden Medienmanager, wirtschaftlichen Optimismus zu verbreiten, wenn die Anzeigenkunden wieder verstärkt investieren sollen. Wenn es sein muss, tun sie es an der Realität vorbei. Die meisten privaten Mediengruppen in Portugal und Spanien, wo die Pressefreiheit nach den respektiven Diktaturen bis Mitte der 70er-Jahre wenig Zeit hatte, sich als unanfechtbaren Wert zu etablieren, sind derart verschuldet (allein die Gruppe Prisa in Spanien mit über drei Milliarden), dass die Banken und die Regierung das letzte Wort haben. Die öffentlich-rechtlichen Medien in beiden Ländern werden von den jeweiligen Regierungsparteien zwar verhohlen, aber sehr effektiv instrumentalisiert.

LISSABON, APRIL 2013. Ein Jahr nach dem ersten »Hilfspaket« der Troika sprach ich mit Gregor Zemp, dem Hauptgeschäftsführer der Schweizer Industrie- und Handelskammer in Portugal. Er war außerhalb des harten Politikgeschäftes eine der wenigen Stimmen, die ich Optimismus verbreiten hörte: »In zehn, fünfzehn Jahren wird diese Krise überstanden sein, und Portugal steht dann besser da als vorher.« Ich muss gestehen, dass ich diesen Optimismus seiner Jugend zuschrieb.

In Spanien sagte der ehemalige Premier Felipe Gonzalez, sein Land benehme sich »wie ein Nutte«. Das Einlagern von Atommüll wurde in einem kleinen spanischen Städtchen als wirtschaftlicher, jobbringender Erfolg gefeiert. Alles durfte auf einmal gebaut werden: an der Küste, in Naturschutzgebieten, Kasinos, Bordelle, wenn es nur Geld und Jobs bedeutete. Man brauchte kein Oligarch mehr zu sein: Jeder kleine Gangster aus jedem Land der Welt kann sich heute in Spanien für eine einmalige Investition von 150 000 Euro in Immobilien (es reicht also eine Zweizimmerwohnung in Madrid) ein Visum für die EU kaufen – auf Lebenszeit. Zeitgleich treiben jeden Monat die Leichen von afrikanischen Flüchtlingen an der Meeresenge von Gibraltar an die spanischen Küsten.

»Was haben die Banken für ein Interesse daran, uns in die Knie zu zwingen?«, fragt mich Rafael, ein Freund und Künstler aus Madrid, der keine Arbeit hat, aber seine Wohnung in der Chueca noch fünfzehn Jahre lang abzahlen muss. Was kann ich ihm antworten? Darf ich ihm sagen, dass die Troika den Punkt sucht, der es erlaubt, die maximale Rate abzuschöpfen, ohne dass alles zusammenstürzt? Dass einkalkuliert ist, dass dies zu Verlusten an Menschenleben führt? Dass Menschen auswandern, erfrieren, verhungern und unbehandelt sterben müssen, damit »das System« selbst überlebens- und zahlungsfähig bleibt?

Die einzige Lüge dabei ist, dass es keine Alternative gibt. Wenn es keinen anderen Weg gäbe, als die Leute unter ihren Schulden und dem Schutt ersticken zu lassen, hätte sich Deutschland nach dem Zweiten Weltkrieg nicht in zehn Jahren erholt. Und die Schuld der Krisenländer im Süden Europas an der internationalen Finanzkrise ist nicht mit der Deutschlands am Zweiten Weltkrieg zu vergleichen.

SPANIEN, SOMMER 2013. Wenn es ein Drehbuch wäre, würde es als zu surrealistisch abgetan: An die 20000 Spanier kommen nach Andalusien in Bussen, Autos und zu Fuß. Sie wollen nicht vom Mittelmeer in See stechen und in die Neue Welt auswandern. Ihre Ambitionen sind kleiner. Die meisten sind arbeitslos und suchen einen Job als Statisten in Ridley Scotts neuem Film, der in Almeria in der wüstenähnlichen Landschaft in Südspanien gedreht wird. Der Film, der Ende dieses Jahres (2014) in den deutschen Kinos zu sehen sein wird, hat den Titel Exodus. Die Arbeitslosen suchen Rollen als Statisten. Sie sollen Sklaven spielen. Es kommen zehnmal mehr Kandidaten als die Regie Komparsen braucht. Sie stehen bei über 35 Grad stundenlang in der Sonne. Sie hoffen auf die in den sozialen Netzen angekündigten 80 Euro Gage. Ein Mann geht an der Menschenschlange vorbei und ruft laut, dass fettleibige, robuste und hellhäutige Menschen wieder gehen können. Es werden nur braungebrannte, ausgemergelte Statisten gebraucht.

Der Grund für Deutschlands aktuelle Haltung gegenüber Spanien und Portugal ist erklärungsbedürftig: Um teure deutsche Luxusgüter (insbesondere Pkw), U-Boote und Rüstungsmaschinerie zu kaufen, mussten sich die Krisenländer hoch verschulden. Statt Geld hat Deutschland in der Gesamtbilanz vor allem Obligationen, Staatsanleihen und andere Schuldpapiere bekommen. Und die Krisenstaaten haben ihre große Konsumparty größtenteils über deutsche Banken – also mit den Ersparnissen der Deutschen – finanziert. Damit Deutschland jetzt nicht auf schlechten Krediten sitzen bleibt, müssen die Länder mittels einer Schocktherapie »kontrolliert angezapft« werden.

»Das faule Fleisch und das Fett müssen abgeschnitten werden«, sagte mir Pedro Costa, ein langjähriger Freund, der im Vorstand der Wertpapierabteilung einer portugiesischen Großbank sitzt, und meint allgemein »die unproduktiven Ausgaben des Staates«. »Faules Fleisch« ist ja nicht gut, das versteht jeder. Und dass die Prozedur nicht ganz schmerzlos sein kann, leuchtet natürlich ein. Propaganda funktioniert durch die ständige Wiederholung von

Unwahrheiten und Halbwahrheiten und niemand ist wirklich erstaunt, wenn dann wieder eine Schule schließt, Arztstellen in den öffentlichen Kliniken gestrichen und Renten und Sozialleistungen gekürzt werden. Oder, wie April 2014 angekündigt, 50 Prozent der Finanzämter ihre Türen zumachen sollen.

Wie die Entscheidung, Finanzämter zu schließen, dem Land, in dem die Steuerflucht eines der Hauptprobleme ist, aus der Krise helfen soll, ist nach wie vor ein Rätsel. Es sei denn, dass es am Ende nicht 50 Prozent sind, sondern einige ausgesuchte Finanzämter, damit die dortigen Prozesse verjähren. Das hilft einigen Portugiesen persönlich aus der Krise. Bisher war es üblich, wie mir Medina Carreira, ein auf Steuerrecht spezialisierter Professor und Anwalt, erklärte, dass die Prozesse sich bis zu 15 Jahre ohne ein Urteil hinzogen. Vielen war der Fiskus in den letzten zwei Jahren einfach zu eigenmächtig und effizient geworden. Auch José Branco, ein Bruder meiner Mutter, der vor einem Jahr aus der Diplomatie in den Aufsichtsrat der Staatsbank Caixa wechselte, sprach gerne von »Fettgewebe«, das »raus muss«. Solche Gespräche mit Freunden und Familie fanden meisten bei Rotweinen vorzüglicher Qualität aus dem Alentejo oder dem Douro statt.

Die Wirtschaftsblätter in Portugal schreiben jeden Tag davon, hier und dort etwas abzuschneiden, damit der »Patient nicht an seinen Schulden erstickt«. Leider ist die größere Gefahr, dass die echten Patienten, die schwächsten Glieder der Gesellschaft, vor dem Ersticken an den sozialen Kürzungen zu Grunde gehen. Wer die Experten vom Dienst im Staatsfernsehen hört, bekommt das Gefühl, die Krise könne mit einem Skalpell oder Schlachtermesser von der Wirtschaft getrennt werden. Bei den Finanzinstituten funktioniert das System: Man trennt die toxischen Finanzprodukte und lagert sie in »Bad Banks«, schlechten Banken, aus.

Die Zeche bezahlt auch dann der Steuerzahler. Aber das Gute und das Schlechte werden publikumswirksam inszeniert. In einer Gesellschaft von Menschen ist es nicht ganz so einfach. Wo »faules Fleisch« und »Fettgewebe« steht, muss man Arbeitslose und Rentner lesen, die in Existenznot sind und keinen Ausweg haben. Da, wo es tatsächlich »Fett« oder »faules Fleisch« gibt, das abgeschnitten werden muss, passiert nichts. Das käme einer Selbstverstümmelung gleich: Der größte Schaden entsteht einem Land wie Portugal durch die korrupten Beziehungen zwischen den Abgeordneten und der Regierung mit den Privatunternehmen. Die einflussreichsten Abgeordneten sind gleichzeitig bezahlte »Berater« oder Anwälte von Banken, Versicherungen, Energieunternehmen und Industriekonzernen. Derzeit vertreten mindestens 20 Abgeordnete des portugiesischen Parlaments die Interessen von Unternehmen und Handelspartnern aus China, Angola und Brasilien.

Seit Anfang der Krise wurde in Portugal die Bank BPN (im Vorstand waren Exminister und ehemalige Staatssekretäre der ersten Regierung von dem heutigen Staatspräsidenten Cavaco Silva) mit fast sieben Milliarden Euro vor dem durch kriminelle Geschäftsführung verursachten Bankrott gerettet. Um ein Vielfaches teurer sind die Rettungsaktionen für jene Banken, die nur ihrem ganz legalen Tagesgeschäft nachgingen: den Kunden alle möglichen Kredite anzudrehen, die 24 Stunden am Tag in den Medien beworben wurden. Kurz vor Ausbruch der Krise lancierte eine iberische Großbank einen Immobilienkredit für »junge Menschen«, »mit unglaublichen 50 Jahren Laufzeit«. Unglaublich war vor allem die Verantwortungslosigkeit der Banken, in Portugal, Spanien und Deutschland und die Tatenlosigkeit der Aufsichtsbehörden und Regierungen.

Auch die staatlichen Unternehmen verloren Milliarden mit dubiosen Finanzgeschäften, schlicht inkompetenter oder krimineller Geschäftsführung. Die meisten Verantwortlichen für die Verschwendung von Steuergeldern und Plünderung der Staatsressourcen sind keine skrupellosen Gangster im Anzug, die voll krimineller Energie Tag und Nacht ihre Pläne schmieden, wie sie ohne Rücksicht auf Land und Leute den größten Profit für sich schlagen können. Es sind ganz normale Leute wie unsere netten Nachbarn, der liebe Onkel und die liebe Tante oder die Frau vom Arbeitskollegen. Jeder betrügt nur ein kleines bisschen – »Die anderen tun es ja auch alle« –, aber der Gesamtschaden ist immens.

Nur ein paar Beispiele aus meinem privaten Umfeld, die ich täglich beobachten konnte: Der Ministerialbeamte, der den Dienstwagen samt Chauffeur nutzt, um die Kinder in die Schule und die Eltern zum Arzttermin bringen zu lassen. Das Vorstandsmitglied eines öffentlichen Unternehmens, das seinen erwachsenen Kindern zwei Notebooks aus einer großen Bestellung mit nach Hause nimmt, »nur damit sie sie testen«, die dann aber nie wieder zurückgegeben werden. Die Familienmahlzeiten in teuren Lokalen, die mit der Kreditkarte des Büros/ des Amts bezahlt werden. Der Umzug, das Catering der Fiestas oder die Theaterkarten, die gesponsert werden.

Im öffentlichen Dienst fand vor Krisenbeginn jeder vierte Portugiese im arbeitsfähigen Alter eine Anstellung. Von Beschäftigung zu reden, wäre in vielen Fällen eine maßlose Übertreibung. Eine Freundin, deren Bruder Verteidigungsminister war, bekam jahrelang einige tausend Euro pro Monat, um eine Liste mit »typisch portugiesischen Produkten« zusammenzustellen. Jeder mittelmäßig engagierte Journalist hätte einen Vormittag dafür gebraucht.

Im Instituto Camões, dem Gegenstück zum deutschen Goethe-Institut, gingen »90 Prozent des Budgets für Scheinarbeiten drauf«. »Alles Scheinaufträge oder irrelevante Arbeiten«, die an »Freunde und Familienangehörige« vergeben wurden, sagte mir ein Präsidiumsmitglied des Instituts. »Alle wissen es, niemand tut etwas dagegen. Es ist halt so.« In einer Behörde für Auslandsinvestitionen und Tourismus arbeiteten 900 Menschen, von denen »800 sofort entlassen werden müssten, weil sie nichts zu tun haben«, sagte mir im Privaten ein Mitglied des Direktoriums. Portugal hat mehr Admirale in der Marine als Kriegsschiffe. Es gibt mehr öffentliche Angestellte im Landwirtschaftsministerium als Milchkühe im ganzen Land. Milch wird eben wie alles andere größtenteils importiert.

Dem schlechten Beispiel der oberen Reihen wird unten gefolgt.

Viele öffentliche Angestellte, die 700, 800 Euro monatlich oder nur den Mindestlohn verdienen, nehmen Toilettenpapier, Handseife und Kugelschreiber vom Amt mit nach Hause und bemühen sich, so wenig wie möglich zu arbeiten.

FARO, FRÜHJAHR 2012. Auf der Insel von Faro lief ich um sieben Uhr morgens vom Parkplatz die Stufen zum Strand hoch. Ich bemerkte einen Mann, der mit einer großen Schaufel Sand von der Düne in mehrere Eimer schippte. Jedes Kind in Portugal weiß, wie wichtig die primäre Düne ist. Sie wird bepflanzt, damit der Wind sie nicht abträgt. Man soll sie nicht betreten, weil es ihre Struktur zerstört. Sie schützt den Sandstrand selbst, die Menschen und ihre Häuser. Der Mann fühlte sich ertappt. Ich hätte ihn in typisch südeuropäischer Art einfach ignorieren können. Jeder muss doch selber wissen, was er macht. Ich beschloss, den typisch deutschen, verantwortlichen Bürger in mir reden zu lassen.

»Guten Morgen. Sagen Sie mal, finden Sie das normal?« »Wie? Was?«, fragte er mich wie ein Kind, das beim Lutscherklauen erwischt wurde. »Ob Sie das normal finden, dass Sie hier Sand wegnehmen. Das hier ist eine Düne. Die einzige Düne, die die Insel hat.« Der Mann schaute mich erbost an und sagte: »Ja, aber was die da oben machen, das interessiert Sie wohl nicht? Wissen Sie, was mir noch letzten Sonntag passiert ist, als ich mit meinem Sohn ins Krankenhaus musste? Die machen doch, was sie wollen.« Ich wusste es nicht und hörte seine Geschichte. Sie hatte mit unmenschlichen Wartezeiten und Krankenbetten auf den Fluren zu tun, aber natürlich nichts mit dem Sand. Er wollte nur sein Fehlverhalten, wie es in Portugal jeder tut, mit dem Fehlverhalten anderer rechtfertigen.

Wir unterhielten uns noch fast eine halbe Stunde über das »Scheißland«, in dem wir lebten. Am Ende hätte ich ihm noch fast geholfen, die vollen Sandeimer zu seinem Wagen zu tragen. Stattdessen ging ich im Meer schwimmen, die Morgensonne schien mir ins Gesicht. Auf dem Rückweg in die Quinta kaufte ich auf der

Insel für sechs Euro zwei Kilo fangfrische Rotbrassen. Es ist ein wunderbares Land.

»Die da oben«, ist einer der häufigsten Ausdrücke in Portugal. Er rechtfertigt immer das eigene Handeln. »Die machen, was sie wollen«, man ist »denen« doch machtlos ausgeliefert, was immer man versuchen würde. Also macht man nichts. Kein Land der Welt trinkt so viel Wein pro Einwohner wie Portugal, nirgends in Europa gibt es so viel Weinbauern – die meisten von ihnen machen ihren eigenen Wein und werden statistisch nicht erfasst. Statt aktiv zu werden und sich gegen »die« zu organisieren, betäubt sich das Kollektiv.

Der portugiesische Diktator Salazar pflegte zu sagen »Der Wein ernährt eine Million Portugiesen.« Womit er wahrscheinlich meinte, dass er sie ruhig hielt. Daran hat sich wenig geändert. Die Wahlen werden von den meisten Menschen als eine Farce angesehen. Ich habe in zwanzig Jahren hunderte Male gesehen, dass Portugiesen, wenn es um Wahlen geht, eine abfällige Handbewegung machen und sagen: »Die Fliegen werden ausgewechselt, die Scheiße bleibt.«

Die Frage ist, ob »die da oben« in Lissabon die Probleme der Krisenzeiten dadurch lösen werden, dass die Menschen ins Elend getrieben und aus dem Land hinauskomplimentiert werden. Sie tragen keine Verantwortung dafür, dass es keine neuen Jobs gibt. Die portugiesische Industrie wurde von Brüssel und Berlin höheren Interessen geopfert: Vor allem die Öffnung der EU nach China ab 2005 hatte der schwachen portugiesischen Industrie den Todesstoß gegeben. Für Deutschland bedeutete der uneingeschränkte Zugang zum chinesischen Markt dagegen einen enormen Export-Boom. Der Schaden, der in einem peripheren Land wie Portugal entstand, war überschaubar – solange man kein Portugiese war. Als »Kompensation« bekam der portugiesische Staat EU-Gelder und sukzessive Generationen portugiesischer Politiker, die sich dem Ausschlachten ihres Landes nicht widersetzten, Jobs in der EU-Verwaltung.

Ein paar Jahre vor Ausbruch der Krise saßen die heutige Finanzministerin, Maria Luís Albuquerque, ihr Mann, António, und ich beim Abendessen. Maria Luís war damals noch Dozentin und Ministerialbeamtin, António und ich bei einer Wirtschaftszeitung. Wir redeten über Journalismus und den Umgang mit der Wahrheit. António und ich verteidigten die These, die Wahrheit habe einen höheren Wert als alle anderen Interessen. Maria Luís sagte, dass man sein eigenes Wohl vor Augen behalten müsse, auch wenn es bedeutete, einen Fehler leugnen oder vertuschen zu müssen. Das Gespräch ging hin und her. »Wenn mir jemand erzählen würde, du hättest eine Affäre und ich würde dich danach fragen, würdest du mir die Wahrheit sagen? Oder würdest du es leugnen und mich anlügen?«, versuchte António eine Arbeitshypothese zu formulieren. »Bis zum Grab«, sagte Maria und lachte dabei. Ich lachte mit. Nur António machte große, traurige, nicht mehr ganz nüchterne Augen. »Du wirst es weit bringen«, sagte ich ihr.

Ich muss daran denken, weil die Finanzministerin Maria Luís Albuquerque heute felsenfest beteuert, sie habe von den ruinösen Verträgen der portugiesischen Staatsunternehmen mit toxischen Finanzprodukten, die ihr Institut beaufsichtigte, nichts gewusst. Im Parlament sagte sie, ohne mit der Wimper zu zucken: »Während ich im Ministerium war, hatte ich keinen Kontakt mit solchen Verträgen.«

Die Finanzministerin setzt die Vorgaben der Troika ohne Rücksicht auf Verluste um. Premier Passos Coelho, der mit 37 Jahren sein Studium beendete, saß in ihren Vorlesungen als Universitätsprofessorin an der Universität. Nicht der intelligenteste Student, wie sie wahrscheinlich selber zugeben wird. Aber heute macht sie, was er sagt. Und der Premierminister sagt das, was die Finanzwelt, die Troika, Herr Schäuble und Frau Merkel von ihm verlangen: Das »Fettgewebe« und das »faule Fleisch« müssen heraus, die Banken müssen um jeden Preis durch die dafür geschaffenen »EU-Rettungsschirme« und Bankenfonds von den Auswirkungen der Krise geschützt werden.

Die Ministerin und der Regierungschef geben die zu allen Opfern bereiten Krisenmanager. Solange diese sie nicht selber treffen. Wie alle ihre direkten Vorgänger wollen auch sie vor allem ihre eigene Zukunft sichern, was menschlich und nachvollziehbar ist. Da die Perspektiven in Portugal alles andere als rosig sind, suchen die Toppolitiker möglichst im krisensicheren Ausland einen Posten. Sei es als Beauftragte der UNO, Sonderbotschafter in Paris, in der Chefetage der Europäischen Zentralbank oder als einfache Parlamentarier oder Kommissionsmitglieder in Brüssel (alles Posten, in denen ehemalige portugiesische Regierungschefs, Minister und Staatssekretäre sitzen).

Es ist, als signalisierten sie, jederzeit bereit zu sein, das zu tun, was sie von ihren Landsleuten fordern: auszuwandern. Ende 2012 hatte der portugiesische Staatssekretär für die Jugend verkündet, der beste Ausweg aus der Krise sei für junge Menschen, eine Arbeit im Ausland zu suchen. Als ich ihn im Radio hörte, dachte ich einen Augenblick lang an eine politische Satire-Sendung. Es war ernst gemeint: Die Jugend wurde in den Folgemonaten regelmäßig auch von anderen Regierungsmitgliedern und Regime-Ökonomen aufgefordert, sich von ihrem Land, ihren Eltern und Großeltern zu verabschieden und irgendwo als Auswanderer einen Job zu suchen.

Die von der Regierung empfohlene Diaspora könnte tatsächlich Teil einer langfristigen Lösung sein, aber nur in einem Land mit wenig alten und vielen jungen Menschen. In Portugal ist das Gegenteil der Fall: Kein Land der EU – nicht einmal Deutschland – hat eine niedrigere Geburtenrate. Das Rentensystem ist mittelfristig nicht mehr finanzierbar, mit dem Exodus hunderttausender Menschen in arbeitsfähigem Alter, die versuchen, einen Job oder eine etwas besser bezahlte Arbeit zu finden, werden sich die Rentenkassen noch früher leeren. In wenigen Jahren wird kein Geld da sein, um Renten zu zahlen.

In und zwischen den Zeilen – doch selten in den deutschen Zeitungen – kann man lesen, was in Südeuropa passiert. Im Mai 2013 schrieb die rigoros marktwirtschaftlich orientierte *Financial Times* unter dem Titel »Portugal: das Ende abwarten« die Sparpolitik »bedroht das soziale Gefüge«. Was das genau bedeutet, erspart die Zeitung ihren Lesern. Es bedeutet Elend und Leid. Am nächsten Tag las ich in der *New York Times* einen Artikel mit dem Titel »Albtraum in Portugal«, geschrieben von einem amerikanischen Ökonomen und Nobelpreisträger. Zehn Monate später, Anfang Januar 2014, greift *The Economist* das Thema Portugal wieder kurz auf und sagt über die Sparmaßnahmen im Süden: »Reißt dieses Monster zu viel lebendes Fleisch von den Ländern, die es eigentlich retten sollte?« Diese Frage bejaht der Artikel, und Monat für Monat verschlechtern sich die Lebensbedingungen für die Menschen auf der Iberischen Halbinsel.

Wolfgang Münchau, Mitbegründer der *Financial Times Deutschland* und Experte in Sachen Finanzkrise, schrieb fast zeitgleich im *Spiegel* über die Deutschen als Exportweltmeister: »Sie sehen diesen Titel als Zeichen der Stärke. Doch in Wahrheit sind die gewaltigen Handelsüberschüsse ein Symptom der deutschen Investitionsschwäche – und ein Symbol der ökonomischen Dummheit.« Zum einen seien die Überschüsse ein »Ausdruck einer fehlenden Bereitschaft, im Inland zu investieren«, zum anderen, »je mehr Autos, Werkzeugmaschinen und Einbauküchen wir ins Ausland verkaufen, desto ärmer werden wir – weil die Forderungen, die wir im Gegenzug erwerben, sich allzu oft als nicht werthaltig herausstellen. Was hier passiert, ist genau das Gegenteil intelligenten wirtschaftlichen Handelns.«

Es ist nicht die mangelnde Intelligenz an sich, die Sorgen bereiten sollte. Während in Deutschland die Probleme sich auf den chronischen Investitionsstau und dem Mantra der Sicherheit der Ersparnisse beschränken, leiden, hungern und sterben Menschen in den europäischen Krisenländern Portugal, Spanien und Griechenland.

Heute, im Jahr 2014, sechs Jahre nach Ausbruch der Krise, vier Jahre nachdem die Troika im Namen der Gläubiger, allen voran der deutschen, auf Griechenland losgelassen wurde und drei Jahre nachdem diese – wie eine dreiachsige Dampfwalze – auch die zerbrechliche Wirtschaftsstruktur Portugals plattgefahren hat, fragen sich die vom Finanzsystem unabhängigen Wirtschaftswissenschaftler dieser Welt, warum alles so schiefgelaufen ist. Griechenland hat in der Zeit ein Viertel seiner Wirtschaftskraft verloren, und ein Drittel der Bevölkerung findet keine Arbeit. Das portugiesische Szenario sieht ähnlich aus. Spanien kommt genauso wenig aus seiner tiefen Depression heraus.

Die Troika und die Deutschen werden heute in Südeuropa gehasst, und das ist ein Problem für die Zukunft Europas. »Brutale Schuldeneintreiber« ist ein Kompliment verglichen mit den anderen Bezeichnungen, die in den Krisenländern täglich im Umlauf sind. Nur in Deutschland scheint sich kaum jemand über die Folgen Gedanken zu machen. Stattdessen empört man sich hier über die Ausländerpolitik in der Schweiz oder verfolgt mit Schadenfreude das Los der großen Steuerganoven.

Von der Iberischen Halbinsel aus betrachtet, wendet sich Berlins Politik wieder vom Westen ab und arrangiert sich mit dem Osten. Dabei drohen die Prinzipien der Europa-Idee geopfert zu werden. Die differenzierteren Deutschlandkritiker, die nicht bei den ersten Kommunikationspannen dem Böse-Deutschen-Schema verfallen, haben nun auch das Gefühl, Deutschland wolle die Vorteile des Euro, aber ohne die inhärenten Kosten einer gemeinsamen Währung in einem Kontinent mit steilen Gefällen und Ungleichheiten.

Deutschland will eine Europäische Union, vorausgesetzt, sie wird nach deutschen Regeln gestaltet, werfen die Kritiker Berlin vor. Die seriöse britische Presse bringt es Ende April auf den Punkt: »Angela Merkel hat eine Lieblingsformel für die Krisenländer der Euro-Zone: Sie sollen es so machen wie Deutschland« (Anfang des Leitartikels »Rückwärtsgang« in *The Economist,* 26. April 2014). Deutschland wird von seinen Nachbarn seit Anfang der Krise zunehmend als ein autistisches Land wahrgenommen, das ohne Rücksicht auf Kollateralschäden seine Eigeninteressen durchsetzt. Das kann nicht gut gehen. Dabei fing alles so relativ harmlos an.

KAPITEL 8

Die Krise II

Die Krise schwappte nach dem Platzen der riesigen amerikanischen Immobilien-Blase Ende des Jahres 2007 langsam über den Atlantik nach Europa, und Alexandra, meine Frau, war schwanger. Wir hatten erst wenige Monate zuvor unsere neue Mietwohnung am Gulbenkian-Museum bezogen.

Es ist erst ein halbes Dutzend Jahre her, als die von den Banken ausgelöste Weltwirtschaftskrise, die seit Jahren überall in Europa außer in Deutschland einfach »die Krise« genannt wird, sich in Wellen ausbreitete. In Südeuropa entwickelten sie eine unerwartete Zerstörungskraft. Von Griechenland bis Portugal stürzte der gesamte »Club Med« der Europäischen Union 2008, dem Geburtsjahr unserer Tochter Sofia, in die Rezession.

Ich war erstmals Vater geworden, und die Welt, wie ich sie kannte, fing ab dem Jahr an auseinanderzufallen. Jeder aufmerksame Beobachter konnte bemerken, wie es überall bröckelte. Alte Pläne fielen plötzlich in sich zusammen, ohnmächtig und den Ereignissen ausgeliefert traute sich kaum jemand, neue Träume zu verfolgen. Um mich herum konnte ich es täglich beobachten: Das finanzielle Überleben, die nächste Rate, die leeren Sparbücher, das Geld für den nächsten Arzttermin, für Medikamente wurden zu einer einzigen den Schlaf und für viele auch die Gesundheit und den Verstand raubenden Sorge. Welches neue Unheil würde der nächste Monat mit sich bringen? Weil sie ein kollektives Grundgefühl treffend beschreiben, gibt es in Portugal Sätze und Redewendungen, die sich aus dem Nichts wie ein Lauffeuer ausbreiten. Jeder wiederholt sie. Seit Jahren habe ich keinen Satz so oft gehört wie »O que é que eles nos vão tirar a seguir?«, »Was werden sie uns als Nächstes wegnehmen?«.

Als 2010 unsere zweite Tochter, Maria, in Lissabon auf die Welt kam, wurde Alexandra und mir die Sicherheit unserer Kinder wichtiger als alles andere. Wichtiger sicherlich als meine kleinen geographischen Abneigungen und Präferenzen. Die abenteuerlichen afrikanischen Exkolonien Portugals oder das exotische Brasilien, wo wir Jobs gefunden hätten, ohne die Sprache wechseln zu müssen, wären spannender gewesen. Wir aber beschlossen, in das Land zu ziehen, das unserer Familie die besten Bedingungen bieten konnte: Deutschland.

Das ändert nichts daran, dass die Krise mein altes Leben, das ich liebte, weggespült hat. Die Kinder gehen jetzt in einen behüteten Kindergarten mitten im Grünen. Wie früher in Lissabon bringe ich sie jeden Morgen zu Fuß hin. Jetzt fragen sie mich nicht mehr »Was suchen die Leute da in den Mülltonnen?«. Jetzt laufe ich jeden Morgen 30 Minuten durch einen Bilderbuchwald ins Büro. Andere hatten nicht so viel Glück. Sie lassen sich treiben und versuchen zu überleben, den Kopf irgendwie über Wasser zu halten.

Wenn ich innehalte und spüre, dass mein jetziges Leben in Heidenheim mich nicht begeistert, denke ich an die, die wir zurückgelassen haben. Dann sehe ich die Gesichter meiner Kollegen, Nachbarn und Freunde und füge mich, vorläufig, in mein Los. Die Familie ist jetzt in Sicherheit, und wir können wieder Pläne schmieden. Ich werde irgendwann wieder über Themen schreiben können, die mich interessieren und vielleicht auch für andere Menschen wichtig sind. Anfang dieses Jahres war ich kurz in Frankfurt und sah auf der Leipziger Straße nicht einen, sondern gleich zwei Geschäfte, die frischen Atlantikfisch verkauften. Auf der gleichen belebten Straße trank ich einen guten Espresso in einer alten Kafferösterei, und in einem Hinterhof fand ich einen etwas heruntergekommenen Buchladen, der portugiesische und spanische Bücher verkaufte. Es wird wieder werden.

Meine Frau reagierte schneller als ich auf den bevorstehenden Kollaps. Sie erkannte das Gefahrenpotenzial der Krise für unsere Familie früher als ich. »Wir müssen hier früher oder später weg«, sagte Alexandra. »Wegen der Kinder und wegen uns.«

Die Krise kam nicht plötzlich wie das Seebeben, das 1755 Lissabon großflächig dem Erdboden gleichmachte. Man sah die Krise nicht wie ein Ungetüm am Horizont. Sie krachte nicht schäumend ins Land und riss alles auf einem Schlag mit. Es gab diesmal auch keinen Marquis de Pombal, der übergroße portugiesische Staatsmann, der die zerstörte Stadt wieder aufbaute. Der sofort nach der Katastrophe befahl, »die Toten zu begraben und für die Lebenden zu sorgen«, und der durch einen ehrgeizigen Reformplan Portugal im 17. Jahrhundert von seinen mittelalterlichen Fesseln befreien und in Richtung der Moderne führen wollte, wo es mit seinen feudalen Strukturen bis heute leider nicht angekommen ist.

Anders als nach dem Seebeben, das die Welt und Deutschland – und Goethe höchstpersönlich – im 18. Jahrhundert berührte, kümmert sich heute niemand um die Überlebenden. Nur die Wortwahl der Reisejournalisten hat sich in den letzten sieben Jahren angepasst: Artikel der *New York Times* oder deutsche Reiseführer schreiben statt über den »dekadenten Charme« Lissabons jetzt in einem der Krise angepassten Register vom »morbiden Charme« der portugiesischen Hauptstadt.

LISSABON, JUNI 2011. Vor dem katholischen Kindergarten, den meine Kinder in Lissabon besuchten, direkt neben der Kirche São Sebastião da Pedreira teilten die Schwestern des Cluny-Ordens morgens Papiertüten mit Brot und einzelne Orangen aus einer offenen Kiste aus. Vor der Tür nahm die Anzahl der nahrungssuchenden Menschen von Woche zu Woche zu. Immer öfter waren es nicht Obdachlose, sondern überschuldete Menschen auf dem Weg zur Arbeit oder solche, die bis vor kurzem noch eine Anstellung gehabt hatten. Wenn ich, damals noch ein sozial abgesicherter, schuldenfreier, relativ erfolgreicher und absolut glücklicher Familienvater, mit meinen beiden kleinen Töchtern die große Holztür zum alten Kloster passierte, wendeten viele der auf etwas zum Essen wartenden Menschen den Blick ab.

Ich verabschiedete mich von Maria und Sofia mit einem Kuss auf die Wange, sie umarmten meinen Hals, ich nickte der Erzieherin kurz zu, die von laut schreienden und kreischenden portugiesischen Kindern umzingelt wurde. In Heidenheim sollte ich mich zwei Jahre später wundern, wie still die Kinder des Waldorf-Kindergartens waren, und fragen, warum die Erzieherinnen mit ihnen flüsterten. »Ich will keine verklemmten deutschen Leisetreter großziehen«, sagte ich meiner Frau. Also meldeten wir unsere Töchter einen Monat später in einem anderen Kindergarten mit einem lebhafteren pädagogischen Plan an, wo sie auch laut sein durften.

Am Haupteingang des Ordens-Kindergartens in Lissabon strahlte niemand mehr Lebensfreude aus als ich. Ich blieb kurz stehen, um mein Handy einzuschalten. Es war ein warmer Frühlingsmorgen, das weiße Sonnenlicht Lissabons blendete. Bis zur Redaktion musste ich nur 300 Meter geradeaus an einem alten Wohnbezirk mit historischen Palästen entlang laufen, immer auf demselben mit kleinen Basalt- und Kalksteinen gepflasterten Bürgersteig, der das Stadtbild prägt und unter dem vor allem Stöckelschuhträgerinnen leiden. Die aufklaffenden Löcher loser oder fehlender Steine wurden nicht mehr repariert, weil die Lissabonner Gemeinden kein Geld hatten.

»Hallo, Miguel.« Vor der Kindergartenpforte stand eine Frau mittleren Alters, die Jacke zog sie fest zu, als wäre ihr kalt. Sie schaute mich an. »Waren das vorhin deine Kinder? Schön sind sie.« Ich erkannte eine ehemalige Arbeitskollegin. »Was machst du denn hier?« Kaum hatte ich die Frage gestellt, bemerkte ich die braune Papiertüte in ihrer Hand und schämte mich. Es hätte mir klar sein müssen, dass sie sich ihr Frühstück geholt hatte, und ich fühlte, wie sie meine Überraschung und mangelndes Verständnis verletzte. »É a vida«, es ist das Leben, sagte sie. Ich umarmte sie kurz. »Ich muss gehen, ich rufe dich an«, ich musste mich aus ihrer Umklammerung befreien und ging schnellen Schrittes weiter. Ich habe sie bis heute nicht angerufen.

Die Armut allein raubt nicht die Menschenwürde. Ich habe noch nie so viele glücklich lachende Kinder und Erwachsene gesehen wie in den Armenvierteln Maputos in Mosambik. Der plötzliche Absturz, die Ungewissheit, die Angst vor der Zukunft und vor dem Elend, die Aussichtslosigkeit, die zerschlagenen Illusionen, die Hoffnungen, die zwischen den Fingern zerrinnen: Sie nehmen das Eigenste, was der Mensch hat, den Respekt vor dem Leben, dem eigenen oder dem fremden.

Am selben Tag im Café neben unserem Haus in Lissabon – an jeder Ecke in portugiesischen Städten gab es vor der Pleitewelle ein Kaffeehaus – brach die Frau mit grauem Haar vor einer dampfenden Tasse Zitronentee in Tränen aus. Ich unterbrach die Kaubewegung meines Pastel de Nata, die klassische portugiesische Begleitung zum Espresso: ein sehr süßes kinderhandtellergroßes Blätterteigtörtchen mit Sahnepuddingfüllung.

Portugiesen bestellen ihren Espresso umständlich, wie sie allgemein im Umgang miteinander vier oder fünf Mal so viel Worte benutzen wie ein Durchschnittsdeutscher. Statt »Kaffee« oder der längeren höflicheren deutschen Version »Kaffee, bitte« sagt ein Portugiese üblicherweise »Guten Tag, entschuldigen Sie, tun Sie mir den Gefallen, bringen Sie mir einen kleinen Espresso, bitte«. Reden verbindet Menschen, also redet man viel miteinander. Niemand spart an Worten. Sie sind kostenlose Freundlichkeiten. Wenn ich einen portugiesischen Kollegen nach dem Abgabedatum eines Artikels fragte, redeten wir immer einige Minuten darüber und über andere Dinge des Lebens. In meiner Agentur in Deutschland bekam ich auf die gleiche Frage nach einem Abgabetermin die Antwort: »KW43.« (Für nicht arbeitsbesessene oder Spätauswanderer: Es ist die Abkürzung für Kalenderwoche.)

Das macht die Arbeit in Südeuropa weniger effizient, aber menschlicher. Nur die Abwesenheit von Arbeit ist unmenschlich und für Menschen unerträglich. Vor allem wenn es kein staatliches Netz gibt, das sie in ihrer Not auffängt. In Portugal und Spanien bekommt fast die Hälfte der arbeitslosen Menschen kein Geld mehr vom Staat, weil die Staatsmittel nicht einmal für einen minimalen Sozialhilfesatz reichen, der das Überleben, ohne betteln oder stehlen zu müssen, ermöglichen würde. Millionen Rentner und Langzeitarbeitslose haben seit Beginn der Krise weniger als 150 Euro pro Monat zur Verfügung.

Die Frau im Café ließ die Tasse los, wischte sich eine graue Strähne von der Stirn und hörte auf zu schluchzen. »Senhor Francisco, der gute Mann, der über mir wohnt, ist tot. Aus dem Fenster gesprungen. Ihm ging es ja auch so schlecht, die Schulden, das geschlossene Geschäft. Wir hatten uns neulich noch Mut zugesprochen.«

Auf der Iberischen Halbinsel steigt die Anzahl der Selbstmorde immer weiter an. Die Zeitungen titeln: »Zwei in der Nacht von Brücke gesprungen.« Wenn nur einer springt, ist es keine Nachricht mehr wert. Dreitausend Menschen haben sich im Jahr 2013 in Portugal umgebracht. Die Selbstmordrate hat sich in den letzten sieben Jahren mehr als verdoppelt. Ende Oktober 2008 interviewte ich als »Cover Girl« für das *GQ* Magazin die Schauspielerin Sónia Brazão. Wir fuhren für ein paar Stunden ans Meer und unterhielten uns über ihre Karriere und ihre Zukunftspläne. Sie strotzte vor Optimismus und hatte sich gerade eine neue Wohnung gekauft.

Als sie im Juni 2011 versuchte, sich durch Gasinhalation das Leben zu nehmen, kam es zu einer Explosion, sie erlitt schwere Verbrennungen, ihre Wohnung und die der Nachbarn wurden stark beschädigt. Wie so viele andere Portugiesen hatte sie die Krise kalt erwischt. Sie hatte lange keine Arbeit mehr und verzweifelte daran. Der große Unterschied zu den tausenden, die sich seit Anfang der Krise jedes Jahr töten, ist, dass die Schauspielerin überlebte, deswegen wieder im Rampenlicht stand und ihre Karriere kurzfristig wieder ankurbeln konnte. Für die meisten Menschen ist das Leben keine helle Bühne, sondern eine anonyme Tragödie.

Wer kann, flieht in die Emigration. Doch viele sind zu alt oder wagen die Flucht nicht, weil ihnen die Tatkraft oder der Mut zum Bruch fehlen. Ohnmacht und Frustrationen sind überall spürbar, die Menschen werden krank – nicht zufällig wurde die letzte große Weltwirtschaftskrise im Englischen »Great Depression« getauft. Das sind die Gesichter, die ich sehe, wenn ich an meine letzten Monate und Reportagen für deutschsprachige Fernsehanstalten in Lissabon denke. Gesichter wie auf den alten Schwarz-Weiß-Fotos der amerikanischen Weltwirtschaftskrise, hoffnungslose Blicke und müde Augen.

Ende 2012 war ich wieder mit einem Team von RTL und n-tv unterwegs. Aus dem Dreh sollte ein Zwei- oder Zweieinhalbminuten-Beitrag fürs Fernsehen werden. Ich hatte mehreren deutschsprachigen Sendern vorgeschlagen, etwas über »Refood« zu machen. Der Vorschlag wurde angenommen, aber er sollte »Optimismus ausstrahlen«. Refood war die Initiative eines Nachbarn, Hunter Halder, ein 60-jähriger Amerikaner, der seit Jahrzehnten in Lissabon lebt. Hunter sammelte in der Nacht die übrig gebliebenen Mahlzeiten aus den Restaurantküchen in unserem Bairro ein, packte sie an Ort und Stelle in Einzelportionen ab und auf sein Fahrrad und brachte sie in die Wohnungen der Menschen, von denen er wusste, dass sie kein Geld mehr hatten. Einer seiner ersten Anlaufstellen war stets eine Familie mit zwei Kleinkindern, der Mann ein Graphikdesigner, der kaum noch Geld verdiente, die Frau bekam als Verkäuferin den normalen Lohn, 450 Euro im Monat. Es reichte nicht. Bevor Hunter anfing, ihnen Mahlzeiten zu bringen, bekamen die zwei Kinder am Ende des Monats zum Abendessen lauwarmes Zuckerwasser und etwas Brot. Die Eltern aßen nichts.

Hunter Halder war unermüdlich. Oft saßen meine Frau und ich spätabends in dem kleinen schmiedeeisernen Balkon unserer Wohnung bei einer Flasche roten Alentejo oder Douro und sahen Hunter unter uns auf seinem alten Fahrrad vorbeifahren, einen Panamahut und ein altes gestreiftes Südstaaten-Sakko, die Fahrradkörbe vorne und hinten vollbeladen. Ein robuster Mann mit einem weißen Dreiwochenbart. Wenn ich tagsüber in unseren kleinen Laden kam, saß er mit meiner Frau zusammen, und sie entwickelten Strategien, um mehr Menschen zu mobilisieren und mehr Mahlzeiten in der gesamten Nachbarschaft zu verteilen, Alexandra schrieb Pressenachrichten, Aufrufe an Esslokale, sich der Aktion anzuschließen, und Flugblätter für die Nachbarschaft. Wer wollte, konnte sich formlos und anonym melden, um Gratis-Mahlzeiten zu bekommen.

Aus dem einen Fahrrad des Amerikaners wurde ein Verein mit vielen Zweigstellen und hunderten von Freiwilligen in Lissabon und anderen Städten. »Die Nachfrage ist enorm«, sagte Hunter mir bei unserem letzten Treffen im Januar 2014 mit einem ironischen Lächeln. Fernsehanstalten der ganzen Welt, von Singapur bis Kanada, hatten über Refood berichtet. Es war sogar ein Filmteam bei seinem Vater in den USA gewesen und hatte ihn interviewt. »Weißt du, was der alte Redneck gesagt hat, Miguel, als die ihm erzählt haben, was ich hier in Lissabon so mache? ›Ich bin froh, dass er nicht im Knast ist.‹ Das hat er gesagt.« Hunter und ich lachten.

Ich fragte mich nur: War es richtig, die Aufgabe zu übernehmen, die eigentlich dem Staat zukommt: Seine Bürger nicht verhungern zu lassen? Dann wieder freute es mich, dass unser kurzlebiger Pleite-Gourmet-Laden wenigstens für etwas gut gewesen war. Nachdem wir ihn geschlossen hatten, stellten wir ihn mit den Kühlanlagen für Lebensmittel Refood unentgeltlich zu Verfügung. Ich bewundere Hunter, und ich bewundere nicht viele Menschen (meine Frau, die Refood mitbegründete, liebe ich sowieso). Ich habe Banker, Unternehmer, Politiker, Minister und Staatspräsidenten kennengelernt. Keiner von ihnen ist annähernd halb so groß wie Hunter Halder. Güte und Menschlichkeit haben wahrscheinlich mehr Kraft, Sachen zu verändern, als Geld und Macht.

In den letzten Jahren war ich ständig hin- und hergerissen. Weglaufen oder bleiben? Auf der Straße mitgehen oder die Demonstranten beobachten? Der deutschen Finanzpolitik oder den korrupten Eliten im Süden die Schuld geben? Meinen Diskurs passte ich meist mit entgegengesetzten Vorzeichen an, je nachdem, ob ich mit Deutschen oder Portugiesen und Spaniern zusammen war, je nachdem, wen ich interviewte oder von wem ich interviewt wurde. Ich versuchte die Perspektive der Gegenseite deutlich zu machen. Mit zwei Welten vertraut zu sein, ist eine Form der kulturellen Schizophrenie.

»Die portugiesischen und spanischen Banken konnten nur zehn Jahre lang mit Krediten um sich schleudern, weil sie die ganze Zeit von deutschen Banken mit frischen Milliarden versorgt wurden«, sagte ich deshalb an Tischen mit Deutschen als Gesprächspartnern. »Die deutschen Banken waren einfach leichtsinnig und unverantwortlich, jetzt müssen Spanier und Portugiesen dafür zahlen, verlieren ihre Jobs und ihre Wohnungen, weil die Banken, denen die deutschen Kunden ihre Ersparnisse anvertraut haben, das Geld zum Fenster nach Süden herausgeworfen haben. Wenn das Wuchern mit hohen Zinsen ein Delikt ist, sollte das verantwortungslose Verschleudern von Krediten zu Niedrigzinsen vielleicht auch ein Delikt sein. Die Menschen in Portugal und Spanien wurden vorsätzlich kreditsüchtig gemacht, sie waren auf den Geldsegen nicht vorbereitet, wussten nicht mit Krediten umzugehen und wurden absichtlich dumm gehalten.«

Wenn ich mit Portugiesen zusammensaß, sagte ich: »Hat euch denn irgendjemand mit vorgehaltener Pistole gezwungen, alle zwei Jahre einen größeren Wagen und alle sechs Jahre eine größere Wohnung zu kaufen? Wusstet ihr wirklich nicht, dass Neuwagen keine gute Geldanlage und die Wohnung überteuert war, als ihr sie auf Pump gekauft habt?« Oder: »Warum gebt ihr den Deutschen die Schuld? Wer hat denn die Leute gewählt, die hier seit Jahrzehnten in den Regierungen sitzen und für die Wirtschaftspolitik, die Finanzpolitik und die Bankenaufsicht verantwortlich sind? Wer ist schuld, dass ihr nicht wisst, wie viel ihr ausgeben dürft? Frau Merkel, Herr Schäuble?« Wieder war mein Publikum nicht erfreut.

Während die meisten Menschen in Deutschland sehr rational mit Krediten umgehen können, konnten die in persönlichen Finanzen unerfahrenen Südeuropäer stark manipuliert werden. Bis in die späten 80er-Jahre kannten die Portugiesen keine Kredite für den persönlichen Bedarf oder Dispo-Kredite. Kredite für Normalbürger, die sich ein neues Auto kaufen oder in den Urlaub fahren wollen, waren den iberischen Banken damals zu riskant. Die Banken schauten dreimal hin, bevor sie einen Kredit gewährten. Vor der Krise waren Bankangestellte Vertrauenspersonen.

Mein Schwiegervater Tomás Caetano da Silva, 80 Jahre alt, war einer von den 15 000 Portugiesen (Tendenz steigend), die im Jahre 2012 eine formelle Beschwerde gegen das Vorgehen der Banken einlegten. »Sie haben mir gesagt, es sei eine risikofreie Spareinlage, haben mir Kaffee gebracht und Kekse, dann habe ich die Formulare unterschrieben.« Nach acht Monaten hatte er bereits ein Fünftel seiner Ersparnisse verloren. Er hat die Bank gewechselt. »Jetzt versucht der Bankangestellte, wenn ich in die Filiale komme, mir Versicherungen, teure Armbanduhren oder Markenfüllfederhalter zu verkaufen.«

Die Kreditpolitik änderte sich radikal ab Mitte der 90er-Jahre. Die Banken boten plötzlich rund um die Uhr, in allen Medien, auf allen Kommunikationskanälen und Plattformen Kredite an, und wer sie nicht annahm, war selber schuld. War dumm. Wer nur das ausgab, was monatlich als Gehalt auf das Konto tropfte, konnte sich nicht so viel leisten wie die Verwandten, Freunde, Kollegen und Nachbarn. Und die leisteten sich alle neue Autos, kauften sich eine größere Wohnung oder ein Haus, fuhren auf Kredit in den Urlaub und ließen sich auf Pump die Zähne richten oder das Fett absaugen. Jetzt geht das Fett von allein weg. Mit der Sparpolitik geht es aber auch an das Fleisch, die Muskeln und Knochen.

Die jetzigen Zustände, die Verelendung ganzer Länder, sehen viele als normal an, eine »Durststrecke«. »Da muss man durch«, sagen sie. Auch in Portugal gibt es viele Sozialdarwinisten. Es sind meistens die, die ein Konto in der Schweiz, ein Haus am Meer, einen gut gefüllten Weinkeller haben und alle paar Monate ein langes Wochenende in Paris, London oder New York verbringen, »um zu entspannen«. Als das Schiff schon sank, bekam ich noch Einladungen für Empfänge und andere Events, bei denen philippinische und brasilianische Hausangestellte grazil mit Kanapees zwischen den Gästen tänzelten, und durfte die neuen italienischen 20 000-Euro-Küchen, 60 000-Euro-Home-Cinema-Anlagen der Gastgeber bewundern. Ich habe in Botschaften Pisco Sauer, Gin Tonic und Daiquiris getrunken. Und ich habe mich jedes Mal gefragt, wann die Türen aufgerissen werden und eine Horde von Menschen in Lumpen den Saal stürmt.

Ich möchte nicht wie einige meiner Freunde, mein Onkel oder einige meiner Cousins in Cascais oder Sintra leben, in abgeschirmten Villen oder abgeriegelten Anlagen mit Schwimmbad, Fitnessstudio und Tennisplatz, während drum herum die Armenviertel aus allen Nähten platzen. Auch wenn ich das Geld hätte, was nicht der Fall ist, wollte ich nicht, dass meine Töchter unter einer Glasglocke in einem Land aufwachsen, in dem Menschen hungrig durch die Straßen ziehen.

LISSABON, OKTOBER 2012. Felícia Lopes ist die Tochter eines großen Bauunternehmers und die Frau eines sehr erfolgreichen Geschäftsmanns, der in Angola Bankgebäude und Einkaufszentren baut. Sie mag ein Buch, das ich im Vorjahr veröffentlicht hatte, wir haben gemeinsame Freunde, und deswegen hat sie mich eingeladen. Wir sitzen in ihrem 180 Quadratmeter großen Wohnzimmer über Lissabon, das Hausmädchen bringt Kaffee und Plätzchen. »Wissen Sie, ich kann diese ganzen negativen Gespräche nicht mehr hören. Die Leute haben es doch vor 40 Jahren viel schlimmer gehabt. Was müssen sich alle ständig beschweren?« Ihre Finger spielen mit der schlichten Perlenkette um ihren Hals.

Felícia lud mich ein, als Dozent bei einer von ihr geplanten »Academia«, einer Art exklusiver Hochschule, Manager zu coachen. »Portugiesische und afrikanische Business-Leader« sollten lernen, »sich richtig ins Bild zu setzen und bei Interviews, Vorträgen und anderen öffentlichen Events eine gute Figur zu machen«. Für ihre Elite-Akademie hatte sie schon ein Stadtpalais im Zentrum Lissabons gemietet, das bereits renoviert und einzugsfertig war, erzählte sie. »Aber erst nach Ostern, wir sind jetzt erst zwei Wochen in Kanada zum Heliskiing.« Es gibt sie auch in Portugal, die krisenresistenten Optimisten (in der von Elendsvierteln umzingelten Hauptstadt Angolas Millionen zu verdienen gibt der Krise in Europa eine überschaubare Dimension). Ich sagte Felícia ein paar Tage später mit einer kurzen E-Mail ab, in drei Zeilen schrieb ich, dass ich unvorhergesehen dringend auswandern müsste.

Krise? Welche Krise, fragen mich die Freunde dieser besonderen Spezies. Es ist doch alles prima: Kurz- und mittelfristig kriegt Deutschland neues Blut in Form von Billigarbeitskräften aus dem Süden, langfristig kriegt der Süden immer altes Blut aus Deutschland, in Gestalt von Rentnern, die ihren Lebensabend in milderem Klima verbringen wollen. Ich wünsche meinen Kindern und mir eine andere Zukunft. Vielleicht ein bisschen mehr Marshall-Plan, mit echten Hilfspaketen, und etwas weniger Hungerkur für Europas Krisenstaaten.

Es gibt die Zyniker, die über die gegenwärtige Situation und Verzweiflung hinweg in die Zukunft blicken, und es gibt die Propheten der Apokalypse. Letztere sehen das Kriegs-Szenario am Horizont. Einen Wirtschaftskrieg erst, die Isolation einzelner Länder, radikale Staaten in Westeuropa, die sich wieder aufbäumen. Bürgerkriege in Spanien und Portugal. Undenkbar? Dass alle Szenarien möglich sind und dass die Pax Europeana eine dünne Lackschicht ist, sieht man derzeit in der Ukraine, ein Land, das sowohl die EU als auch Moskau aus ähnlichen Gründen in ihre Einflusszone einbinden wollten.

Vor drei Jahren saß ich in der VIP-Lounge des Flughafens in Lissabon zufällig neben dem Vizepräsidenten der Europäischen Zentralbank, den Portugiesen Vítor Constâncio. Ich hatte kurz zuvor an einer Reportage über die Auswirkungen der Krise in Portugal gearbeitet. Ich stellte mich ihm als Journalist vor, wollte von ihm wissen, was er zur Zunahme der Kinderarbeit, der Auswanderungswelle und dem Anstieg der Arbeitslosigkeit zu sagen habe. Er stotterte etwas, schaute zur Seite. »Alles einkalkuliert, alles erwägt«, sagte er, stand hastig auf und ging. 1998 hatte ich als Pressereferent der portugiesischen Börsenaufsicht (einer meiner wenigen Kurzzeitstellen außerhalb des Journalismus) den ersten Chef der EZB, Wim Duisenberg, in Lissabon kennen und schätzen gelernt. Er rauchte selbstgedrehte Zigaretten und redete über komplexe Themen in einer so präzisen wie verständlichen Art. Einmal wurde er gefragt, wie groß seine Unabhängigkeit als Notenbankchef der Niederlanden gegenüber der Bundesbank in Frankfurt gewesen sei, als es die EZB noch nicht gab. Seine Antwort war »15 Minuten«. Es ist keine Neuigkeit, dass Deutschland die Geldpolitik in Europa entscheidet.

Duisenberg war ein Zentralbanker im Großformat. Constâncio wurde 2010 aus taktisch-politischen und Postenverteilungsgründen für das Amt des Vizepräsidenten in die EZB berufen (aus ähnlichen Gründen wurde ein anderer Portugiese, José Barroso, Kommissionspräsident der EU in Brüssel). Als letzter Chef der portugiesischen Zentralbank vor der Krise sah Vitor Constâncio die Insolvenz der Staatsfinanzen nicht kommen oder unternahm nichts gegen sie. Er schaute trotz aller Warnsignale zur Seite. In der Bankenaufsicht in Portugal versagte er und hat fast neun Milliarden an Geldspritzen in zwei marode, kriminelle Banken mitzuverantworten. Im Vorstand einer dieser Banken saßen mehrere ehemalige Staatssekretäre und Minister der Regierung von Cavaco Silva, dem derzeitigen Staatspräsidenten, der selber von rechtzeitigen Aktienverkäufen der Pleitebank profitiert hat. Jahrelang bemerkte der Bankenaufseher angeblich nichts von den kriminellen Machenschaften, von denen jeder in Finanzkreisen hinter vorgehaltener Hand sprach.

In Lissabon und Frankfurt geht eine Anekdote um, von der mir gestandene Banker garantiert haben, sie sei bare Münze. Über seinen kurzzeitigen Nachfolger als Vorsitzender der Sozialistischen Partei (PS) und heutigen Vizepräsidenten der EZB, Vitor Consâncio, gefragt, sagte der ehemalige Minister- und Staatspräsident Mário Soares: »Er ist der schlauste Dummkopf, den ich kenne.« Sollte ich Mário Soares einmal treffen, werde ich ihn fragen, ob er das tatsächlich so gesagt hat. Bis dahin bleibt mir die Zuversicht: Mit Europas Geldpolitik in diesen Händen kann beten eigentlich nicht schaden.

KAPITEL 9

Hochstapler

Mitte der 90er produzierte ich eine Reportage über Lissabon für den MDR. Der Schauspieler Horst Buchholz, der wegen seiner Rolle des Hochstaplers Felix Krull in einem Film aus den 50ern als Stadtführer in der portugiesischen Hauptstadt fungieren sollte, war aus Deutschland eingeflogen worden. Am Abend saß das Team zusammen an einem Sechsertisch im Primavera, einem meiner Lieblingslokale in Lissabons Nachtviertel Bairro Alto. Horst Buchholz beschwerte sich, dass in seinem Hotel der Wodka nicht aus dem Eisfach serviert wurde. »Mit Eiswürfeln servieren sie ihn, diese Primitiven.« Später am Abend auf dem Weg in ein Fado-Lokal klammerte er sich an meinen Arm, um nicht auf den losen Pflastersteinen der steilen Gassen auszurutschen, und erzählte, wir seien doch alle Hochstapler und dass er den kleinen Dreh nur mitmache, weil seine Ferienwohnung in der Schweiz eine neue Zentralheizung brauche. So ist das Glück, mal ein warmer Ofen, mal ein eiskalter Wodka.

Aber Buchholz hatte nicht unrecht. Portugal ist das Land der Hochstapler. Vom kleinen Textilindustriellen, der, statt seine Fabrik zu modernisieren, einen neuen Ferrari kauft, bis zum Tischnachbarn, der sich mit oberflächlichem Halbwissen als Wirtschaftsexperte oder Wein-Connaisseur aufführt. Von den Politikern mit ihren erschwindelten Hochschulabschlüssen bis zu den Landwirten, die ihre Grundstücke im Alentejo brach liegen ließen und mit den EU-Subventionen scharenweise in die Stadt zogen. Und alle, die sich Wohnungen, Autos und Ferien kauften, die sie sich nicht leisten konnten. Die Hochstapelei wurde zum Volkssport in einem Land, das eine Generation vorher noch barfuß zur Arbeit ging.

So lange das Geld fließt, ist das Leben eines Hochstaplers eine amüsante Sache. Aber irgendwann endet die Party, jemand steht an der Tür, klingelt und will sein Geld zurück.

Für eine der letzten Ausgaben der Wirtschaftszeitschrift *Fortunas & Negócios* interviewte ich im Jahre 2001 António Horta Osório. Er war in Lissabon der Chef der Santander-Gruppe, die mächtigste Bank der Iberischen Halbinsel. Gegenwärtig ist Horta Osório oberster Chef der Lloyds Bank in London. Wir waren ungefähr gleich alt, Mitte 30, und saßen zu zweit beim Mittagessen im Kristallsaal des prunkvollsten Bankgebäudes der Iberischen Halbinsel in der Lissabonner Rua do Ouro (Straße des Goldes). Der Mann war trotz seines jungen Alters eine Kultfigur in der Finanzwelt. Seine Assistenten behandelten ihn wie einen Halbgott. Ich hatte eine der wichtigsten Lektionen des Journalismus verinnerlicht: Du darfst dich nicht von den Mächtigen und ihrem Geld blenden lassen. Es war mir nicht schwergefallen. Mein eigener Materialismus und meine Ambitionen hielten sich schon damals in überschaubaren Grenzen: ein bisschen Meeresblick, ein oder zwei gute Flaschen im Weinregal, ein lesenswertes Buch.

Reiche, unglückliche und oberflächliche Menschen hatte ich schon einige kennengelernt. Es waren genug gewesen, um mich verstehen zu lassen, dass es wichtigere Dinge im Leben gibt, als Geld und Macht anzuhäufen. Ihre Macht ist langfristig irrelevant. Ich hatte als 20-Jähriger ehrfürchtig vor der imposanten sowjetischen Machtzentrale Unter den Linden in Ostberlin gestanden. Ich empfand sie als furchteinflößend, sie schien so unbezwingbar wie die Mauer selbst. Zwanzig Jahre später war ich in demselben Gebäude als Gast bei einem Hugo-Boss-Event während der Berlin Fashion Week, Wowereit war OB, es gab eine Gartenparty, Red Bull mit Coca-Cola, englische Popmusik, und Rupert Everett hat auf der Toilette neben mir gepinkelt.

»Wer hat das Sagen im Land, der Finanzminister oder der große Banker?«, fragte ich einen Bankenchef in Lissabon. »Ich«, antwortete er. Es war eine ehrliche Antwort, direkt und unverblümt. Die *Fortunas & Negócios* veröffentlichte monatlich Artikel über die Machenschaften von Ministern und über die kriminellen Methoden öffentlicher und privater Großunternehmer. Darüber, dass die Aufsichtsbehörden machtlos waren und von den Marktmonopolisten und börsennotierten Unternehmen manipuliert wurden. Das kam nicht gut an, der Chefredakteur und Herausgeber bekamen regelmäßig Ärger in den politischen und wirtschaftlichen Sphären. Es war für mich ein kurzes, journalistisches Glück.

Die *Fortunas & Negócios*, die sich gut verkaufte, wurde Ende 2001, lange vor Beginn der Krise, geschlossen und alle Journalisten entlassen. Mehrere große Anzeigenkunden (Banken und ein staatliches Großunternehmen) hatten die Hauptaktionäre des Verlags unter Druck gesetzt: Die kleine, kritische Monatszeitschrift gefährde das Anzeigenvolumen der anderen Publikationen (eine Wirtschaftswochenzeitung und eine Tageszeitung) und die Auftragsbücher der verlagseigenen Event-Agentur.

Es hätte wahrscheinlich einer kritischen, unabhängigen und sehr starken Presse bedurft, um zu verhindern, dass ein paar Geldhäuser und zwei Politikergenerationen Portugal mit einer absolut leichtsinnigen Kredit- und Investitionspolitik ins Elend und ins Chaos stürzten. Auch deswegen war es vorteilhaft, die Schuld von Anfang an den deutschen Sparpolitikern in die Schuhe zu schieben. Anders als zum Beispiel in Island nach dem Bankencrash, wo die Verantwortlichen vor Gericht gezerrt werden, leben die für die Krise Hauptverantwortlichen in Portugal – allen voran Politiker und Banker – unbehelligt, als wäre nichts gewesen. Man sieht sie weiterhin überall, keine erkennbare Scham, Reue oder Buße im Gesicht.

Wenn meine Geschwister, Freunde oder Kollegen aus Deutschland mit mir in Lissabon unterwegs waren, staunten sie oft über dieses erklärungsbedürftige Phänomen: Beim Einkaufen, in der

Innenstadt oder abends lenkte ich ihre Aufmerksamkeit auf vorbeigehende oder umstehende Personen. Da vorne, die Frau vom Staatspräsidenten, dort der mächtigste Bankier des Landes, dahinten am Tisch der bekannteste TV-Komiker. Portugal ist ein kleines Land und sehr zentral organisiert. Wer in Lissabon lebt und als Journalist arbeitet, kennt irgendwann jede und jeden. Hinzu kommen die 30 Cousinen und Cousins, die jeder hat (bei mir sind es allein in Lissabon über 20), die lange vor Facebook ein echtes soziales Netz bildeten.

Als gut vernetzter Journalist mit einer in Portugal wohlklingenden Namenssequenz – Nachnahmen sind eine der wichtigsten Institutionen des Landes – braucht man nicht einmal hochzustapeln. In Portugal geriet ich ohne eigenes Zutun schnell in den Man-kennt-sich-Kreis.

In Deutschland wäre das so nicht möglich gewesen, weil alles größer, verschlossener und dezentraler ist. Ich war in Lissabon als Gast bei Staatssekretären und Ministern und bei Bekannten und Freunden, die es noch werden sollten. Die Schwester des jetzigen, in vielfache Skandale involvierten Vize-Premier-Ministers Portas (im April 2014 musste er nach acht Jahren erstmals in einem Korruptionsprozess um den Kauf von zwei deutschen U-Booten im Wert von 800 Millionen Euro aussagen) war eine langjährige Freundin. Der, neben Horta Osório, ehemals wichtigste Bankier des Landes, Jardim Gonçalves, schickte mir einmal einen handgeschriebenen Brief und sagte, meine Zeitschriften-Kolumne in der *GQ* setze ihn zu Unrecht in denselben Satz mit Ganoven, mit denen er nichts gemeinsam habe. (Am 2. Mai 2014 wurde Gonçalves wegen Finanzmarktmanipulationen zu zwei Jahren Haft auf Bewährung verurteilt, das Urteil dürfte in der nächsten Instanz, wie in Portugal in der Angeklagten-Oberliga üblich, wegen Formalien annulliert oder aus anderen juristischen Gründen revidiert werden.)

Herman José, der bekannteste TV-Komödiant und Grimassenschneider des Landes, ist der Sohn eines ehemaligen deutschen

Mitarbeiters meines Urgroßvaters Fritz Henzler, ich habe ihn mehrmals interviewt. Nachdem ich einen Artikel im *Expresso,* Portugals meistgelesener Wochenzeitung, über Stars vor dem Karriereende geschrieben hatte und ihn erwähnte (der Komiker war, wie die Staatsanwaltschaft entschied, zu Unrecht in einen Pädophilie-Skandal hineingezogen worden, aber sein Image litt stark darunter), sagte er über mich in seiner Sendung: »Dieser Journalist mit dem Nachnamen eines polnischen Abführmittels.« Als Journalist ziehe ich Beleidigungen den Komplimenten vor. Erstere sind immer ehrlich gemeint. Aber am Abend trafen der Komiker und ich uns zufällig im Bairro Alto, ich legte ihm die Hand auf die Schulter, erklärte ihm, es sei nicht nett gewesen. Er entschuldigte sich.

Bis 2012 war ich regelmäßig mit lokalen A-, B- und C-VIPS, TV-Starlets und anderen bunten Gestalten in Lissabon unterwegs – meistens als Journalist und Interviewer. Ich kannte auch die richtig gescheiterten Existenzen in den heruntergekommenen Kneipen und Hafenbars, die ich gerne besuchte. Ich gehörte zu keiner der beiden Welten oder vielleicht irgendwie doch. Ich fürchte mich bis heute vor dem Verlust der Bodenhaftung. Einer Pop-Theorie nach stehen jedem Menschen 15 Minuten Ruhm zu. Ich hatte meine, als ich die Schauspielerin Maria de Medeiros in Lissabon traf. Sie hat mit Bruce Willies und Tarantino in Hollywood gedreht. Ich saß mit gemeinsamen Freunden an einem Tisch, und sie kam auf mich zu. Sie sah seltsam und exotisch aus, und ich starrte sie an. »Du bist also der berühmte Szymanski«, sagte sie. Nicht blenden lassen, sagte ich zu mir. Erst wenn Tarantino sich dazusetzt, darfst du nervös werden. Wer weiß in Deutschland schon, wer Maria de Medeiros ist? Wer kennt die Familien, die ihr Haus verlieren und auf einmal auf der Straße sitzen, die Familienväter, die in der Kneipe mit ihren letzten 60 Cent noch ein Glas Wein bestellen, um ihren Albträumen zu entkommen? Das Mitgefühl für die Mitmenschen neigt dazu, an den geographischen Grenzen des eigenen Landes stark abzuflachen.

Mit der Zeit erkannte ich deutlicher die fast unsichtbare Struktur, die in Portugal das Machtgefüge zusammenhält. Portugal ist ein kleines, ungebildetes Land, Lissabon ist winzig, und in der Hauptstadt gibt es einen informellen Club, ein paar tausend Leute, die sich alle über eine Ecke kennen und die großen und kleinen Machtpositionen untereinander aufteilen. Gegenseitig und ganz formlos geben sie sich die Hände, wenn es darauf ankommt. Dabei kommt es nicht so sehr darauf an, ob man Opus Dei, einer Freimaurerloge, oder einer Partei angehört oder reich ist. Es gibt keinen besonderen Handschlag oder Abzeichen in diesem Club. Er ist eine Art Wolke, er verändert ständig seine Form. Über Niederschlags- und Verdunstungsprozesse scheiden immer wieder Leute aus, und es kommen jedes Jahr neue Mitglieder dazu. Manche sind schon seit 24 Generationen dabei, andere erst 24 Stunden. Die Gründe, weswegen man dazugehört, sind so vielfältig wie die, warum man trotz Besitz und anderer klingender Attribute nicht dazugehört.

Wenn ein Portugiese aus diesem Club oder seiner Peripherie eine Sonderbehandlung braucht, beispielsweise um die Wartezeit im Krankenhaus abzukürzen, einen Job im Staatsapparat zu kriegen, aus dem Fernseharchiv Bilder löschen zu lassen, einem Gerichtsprozess zu entgehen, sich zu jemandem an den Tisch setzen zu dürfen, Minister zu werden, eine Millionenschuld im Nichts verpuffen zu lassen oder einfach rare Konzertkarten zu bekommen – es lässt sich arrangieren. Ich habe es schon alles aus nächster Nähe erlebt. Ich nenne ihn den CCC auf Portugiesisch oder KKK auf Deutsch, den Klub der Kollektiven Korruption. Diese Wolke schwebt über allem und ist der Grund für den Rückstand, die lähmende Bürokratie und das spurlose Versickern von Milliarden Euro in den letzten Jahren. Gegen das System zu schreiben ist wie auf einem Schornstein stehend mit den Fäusten energisch gegen die Luftverschmutzung zu boxen. Man bewirkt nichts und fällt irgendwann von allein herunter.

»Du hättest es weit bringen können«, sagte mir der Pressesprecher eines Staatssekretärs, nachdem ich über seinen Chef geschrieben hatte. »Und dein Staatssekretär hat seine politische Zukunft bereits hinter sich.« Ich sollte mich täuschen, der Staatssekretär sollte noch, wenn auch nur für eine kurze Zeit, Regierungschef werden. 2005 wurde er seines Amtes enthoben, unter anderem weil sich der Staatspräsident an den Prostituierten und Drogen-Partys in der offiziellen Residenz des Regierungschefs störte, zu denen ich leider – mein Bedauern ist strikt soziologisch-analytischer Natur – nicht eingeladen wurde. Die Entrüstung des Staatspräsidenten verstand ich auch nicht wirklich. Sein Pressesprecher, den ich gut kannte, war selber ein maßloser Kokainkonsument und eifriger Kaschemmenklient, wenn er nicht begüterten, älteren Damen auf der Tasche saß.

Mit 12 oder 13 Jahren hatte ich auf dem Albert-Einstein-Gymnasium in Bochum einen Kunstlehrer namens Geister. Wir lernten Ton zu formen. Als der Lehrer vor seinem Pult stand, stellte ich unbemerkt einen großen Eimer mit dreckigem Tonwasser auf seinen Stuhl. Er setzte sich mit dem ganzen Hintern hinein. »Wer war das?«, fragte er leise. Bevor mich einer meiner Mitschüler denunzieren konnte, hob ich die Hand. Herr Geister schaute mich an. »Das habe ich immer mit einem meiner Lehrer machen wollen. Ich habe mich nie getraut.« Herr Geister hatte mir eine wichtige Lektion erteilt, und sie hat mein Leben nicht unbedingt leichter gemacht. Auch deswegen wanderte ich kurz nach dem Gymnasium nach Süden aus. Deswegen wurde ich Journalist. Als Journalist brauchte ich der Autorität keine schmutzigen Eimer hinzustellen. Der Schmutz ist meistens schon da. Der Weisheit und Toleranz eines Herrn Geister begegnete ich nicht wieder. Ich hoffe, dass er noch vielen Kindern wie mir in der Kunst des Selber-Denkens unterrichten und beibringen konnte, dass jeder sein Leben nach seinen eigenen Idealen formen kann. Was man nicht gemacht hat, ist das, was man eines Tages am meisten bereut.

In meinen letzten zwei Jahren in Lissabon wurde ich zunehmend als Nestbeschmutzer wahrgenommen. Und noch schlimmer:

War ich nicht ein Deutscher? Dieser Nachname. Bis dahin dachten die meisten Iberer an polnischen Adel, wenn sie meinen Namen hörten oder lasen. Ich klärte sie auch nicht auf und erzählte, es sei ein recht üblicher Name zwischen Wanne-Eickel und Gdansk und dass ich außer einem Raubritter und Wegelagerer im 17. Jahrhundert keine Nobilität im Stammbaum habe. Aber da viele Wichtigtuer der portugiesischen Gesellschaft – und es sind sehr viele – dazu neigen, ihre Hochstapelei auf andere zu projizieren, färbte ihr Weltbild auf mich ab. Es hatte im Laufe der Jahre sicherlich auch Vorteile für mich.

Aber auf einmal war ich einer von den Deutschen. Meine Töchter, die in typisch portugiesischer Manier viele Nachnamen führen (Henzler Caetano da Silva Szymanski), liefen Gefahr, als Deutsche abgestempelt zu werden. Menschen mit deutschen Nachnamen geht es ein bisschen wie Lawrence Newman in Arthur Millers »Brennpunkt«, der sich eine Brille anschaffen muss. Auf einmal meinten alle seine Nachbarn und Kollegen, er sei Jude. Ich wurde offiziell zum Deutschen trotz meiner lupenreinen portugiesischen Aussprache und meines einwandfrei südländischen Aussehens.

Von den portugiesischen Medien, die ohnehin schon lange kein Geld mehr für guten Journalismus hatten, bekam ich immer weniger Aufträge. Meinen Brotjob als *GQ*-Redakteur hatte ich zu meinem eigenen Erstaunen immerhin sieben Jahre lang halten können (Irrtümlicherweise hielten mich einige meiner Vorgesetzten für schwer angreifbar – ich arbeitete doch regelmäßig für große, internationale Sender). Was mich rettete, waren die Produktions-, Korrespondententätigkeit und die freie Mitarbeit für deutschsprachige Medien. Diese nahmen seit Beginn der Krise sogar zu. In Deutschland und Österreich wollte man doch ab und zu aus erster Hand wissen, was im Süden los war. Antizyklisch ging es mir relativ gut, trotz der Feindlichkeit, mit der mir viele meiner portugiesischen Kollegen und Interviewpartner in letzter Zeit begegneten, als hätte ich Deutschland und dem Deibel meine portugiesische Seele verkauft. Bevor ich den Job bei *GQ* aufgab, hatte ich vorgehabt, mich als Journalist unabhängig zu machen. Im ganz großen Stil, der eigentlich nicht zu meiner – für südländische Maßstäbe – eher bescheidenen Art passt.

LONDON, 11. SEPTEMBER 2008. Der junge, elegante Milliardär schaute mich an, und es war das einzige Mal in meinem Leben, dass ich mich wie ein erfolgreicher Hochstapler fühlte. Dabei war unser Projekt gut durchdacht und meine Absichten seriös. Meine Frau und ich hatten in der Anfangsphase der Krise an dem Projekt eines ökologischen Nachrichtenmagazins mit dem Titel *Pura* gearbeitet. Wir beide glaubten an die Wichtigkeit und das Erfolgspotenzial der Ökologie und der Nachhaltigkeit in der Informationsvermittlung und Berichterstattung.

Für zwei Tage waren wir nach London zu einem Treffen mit Zac Goldsmith gekommen, dem reichen Erben und Herausgeber der Zeitschrift *The Ecologist*, um ihn für unser Projekt zu gewinnen. Er schien aufrichtig interessiert, und ich präsentierte das Projekt mit großer Begeisterung. Aber einen Investor an Land ziehen zu wollen, gab mir das mulmige Gefühl der latenten Unehrlichkeit. Hatte ich etwa das Zeug zum erfolgreichen Hochstapler oder lief ich nur um mein Leben? Genau vier Tage später ging der Bank Lehman Brothers in den USA die Luft aus. Es war nach der Krise des Subprime (Schrott-Immobilienkredite in den USA) ein Finanzbeben nie da gewesener Größe, das sofort weltweit riesige Wellen schlug. Geld wurde schlagartig knapp, und viele Banken trockneten in wenigen Wochen aus. Zac Goldsmith servierte uns Tage danach per E-Mail elegant ab, unser Projekt passe nicht in die Strategie der Familie. Ich war sehr enttäuscht, und er versuchte mich zu trösten: »Du solltest vielleicht mit meinem Bruder Ben darüber reden«, schrieb er mir. Den Wink verstand ich. Mein Bruder und ich gingen früher ähnlich vor, wenn uns jemand nervte. »Das solltest du mit meinem Bruder regeln.«

Portugal ist nicht nur klein und Lissabon sehr überschaubar, es ist auch das »Land der sanften Sitten«, ein Ausdruck, der gleichzeitig eine Apposition des Landes und eine Selbsttäuschung ist. Portugiesen sehen sich als sanfte, friedfertige Menschen, was sie auch sind, wenn man von der blutigen Kolonialisierung, den sporadischen Judenverbrennungen, dem unterschwelligen Rassismus, 40 Jahren Faschismus und den Kriegsverbrechen in Afrika absieht. Es ist so, als würden sich Deutsche als ein historisch pazifistisches Volk sehen, weil sie seit 75 Jahren keinen Weltkrieg mehr angezettelt haben. Es brennen in Lissabon zu Zeiten einer der größten Krisen der 800-jährigen Landesgeschichte heute keine Autos und es werden keine Schaufenster eingeworfen. Aber Ende November 2013 versuchten demonstrierende Polizeikräfte das Parlament zu stürmen. Wie lange bleiben die Sitten sanft?

HEIDENHEIM, MÄRZ 2014. Auch in Deutschland bin ich schon dem einen oder anderen Hochstapler begegnet. Sogar in Schwaben, wo die zur Schau getragene Unbescheidenheit auffällt wie ein Opernarien singender Hund mit gelben Schwimmflossen. Ein älterer Herr mit kantigen Gesichtszügen führt sich als erfolgreicher Unternehmer auf (in einem teuren, neuen Auto und geschmacklosen Seidenhemden), kann aber seine Ladenmiete nicht mehr zahlen und versucht mich in seine Geschäfte hineinzuziehen. Die anderen Leute in der kleinen Stadt sprechen von ihm in einem bemitleidenden Ton. »Der war schon immer so«, höre ich am Nebentisch im Café Schwarz, dem einzigen Kaffeehaus in der Stadt, in dem man einen guten Espresso kriegt und das ich leider erst sehr spät entdeckte. Ein in Heidenheim ansässiger Künstler mit einem sehr eigenen Humor sagt mir: »Er ist eigentlich ein guter Typ, ihm fehlt nur die Bescheidenheit. Er wird wahrscheinlich nicht mehr lange hierbleiben. Wir hatten noch so einen hier. Aber der hat sich irgendwann nach Arabien abgesetzt.«

Solche Leute fallen in Deutschland schnell auf. Die falschen Doctores, die aufbrausenden Anlagebetrüger, die kriminellen Unternehmer, die plakativen Charmeure und die korrupten Politiker haben meistens eine Karriere, die hinter Gittern, in der Insolvenz, mit einem Fallschirmsprung oder auf der Flucht endet. Anders in Südeuropa, wo genau das Gegenteil passiert: Hochstapler haben immer Hochkonjunktur. Je höher jemand stapelt, umso wahrscheinlicher, dass man irgendwann an den Schalthebeln der Macht sitzt.

In Portugal ist Korruption die Normalität. Neueste Studien zeigen Lissabon als die korrupteste Hauptstadt der Europäischen Union. Nur hier und da wird ganz chirurgisch jemandem der Prozess gemacht, wenn sich einer zu weit aus dem Fenster gelehnt oder seine Bandenmitglieder hintergangen hat. »Das gesamte Justizsystem wurde so eingefädelt und mit so vielen subtilen Fluchtwegen versehen, dass nur Kleinkriminelle und Drogenabhängige hinter Gitter kommen«, erklärte mir 2005 in einem Interview der Professor für Steuerrecht Medina Carrera, einer der ersten Portugiesen, die schon Jahre vor der Krise den vorhersehbaren finanziellen Kollaps des Landes ankündigten.

Hochgestapelt wird auch von der Bundesregierung. Über den Europäischen Stabilisierungsmechanismus (ESM) für alle Krisenländer von Portugal bis Zypern und für die gesamte Dauer der Krise schreibt die Regierung in Berlin: »Der deutsche Anteil hierfür beträgt 21,7 Milliarden Euro.« Außer dem eingezahlten Kapital verfügt der ESM über weitere Milliarden als Kreditlinien: »Der deutsche Anteil daran beträgt 168,3 Milliarden Euro.« Also insgesamt ein deutscher Anteil von 190 Milliarden Euro.

Ende April 2014 werden die Zahlen der Bundesbank für das Jahr 2013 publik: »Die Deutschen sind so reich wie nie« titelt das *Handelsblatt* am 28. April 2014. Das *Wirtschaftsblatt* gibt die Zahlen der Bundesbank wieder: »In der Regel wächst das Geldvermögen der Deutschen stetig – allein im Gesamtjahr 2013 um rund 200 Milliarden Euro.«

Zwischen den letzten zwei Absätzen sucht man vergeblich den Ausdruck Solidarität. In einem Jahr wächst das Geldvermögen in Deutschland um mehr, als die gesamte Eurokrise hochgerechnet kosten wird. Welche Konsequenzen das hat, konnte man schon letztes Jahr auch in der *Wirtschaftswoche* lesen: »Die Beziehungen zwischen Geberländern und Empfängern sind vergiftet. Der Vorrat an gemeinsamen politischen Zielen ist aufgebraucht. Der Nationalismus blüht, der Populismus greift um sich. Und die Idee Europa verblasst. In griechischen Zeitungen ist längst vom ›Blitzkrieg‹ der Deutschen die Rede. In England wird die Bundeskanzlerin als ›gefährlichste Frau Europas‹ diffamiert« (*Wirtschaftswoche*, 2. April 2013). Der Bruch scheint programmiert, wenn auf die falsche Therapie der eisernen Sparpolitik nicht bald eine massive Investitionspolitik folgt.

KAPITEL 10

Fiesta und Erwachen

LISSABON, 2001. »In Berlin bezahlen wir abends, was wir trinken«, sagte Michael, mein Freund aus Bochum, der inzwischen in Berlin lebte, und trank sein viertes Bier aus. Er besuchte mich wieder einmal in Lissabon, wir waren Mitte 30, es war September, und Michael staunte über den lokalen Brauch der Réentrée: Das war der Einstieg in die Saison nach der langen Sommerpause, wenn die Lissabonner von den Stränden in die Stadt zurückkehren und die Szene-Clubs ihre Kunden mit Partys und freien Getränken empfingen. Es gab natürlich Gästelisten, und die Kunden würden ihren freien Verzehr in den darauf folgenden Besuchen wieder kompensieren.

Ich war kurz vorher mit meiner ersten Frau auf einen anderen der vielen Hügel Lissabons umgezogen, diesmal in eine Wohnung an der alten Burgmauer des Castelo de São Jorge (zum Glück für meine Exfrau und für mich ließen wir uns ein paar Jahre später, kurze Zeit nachdem ich aus dem Wirtschaftsjournalismus ausschied und in das Lifestyle-Magazin *GQ* wechselte, kinderlos scheiden).

Zuvor hatte ich jahrelang in einer Wohnung im Hause einer Großtante am Botanischen Garten in der Nähe des Príncipe Real gelebt. Ich bezahlte eine symbolische Miete, und abends, wenn es keine Partys gab, trug ich den Ertrag meiner journalistischen Arbeiten in eines der hunderten kleinen Esslokale und Tascas des nahegelegenen, labyrinthischen Bairro Alto. So lernte ich das Nachtleben Lissabons kennen, und das Nachtleben lernte nach und nach meine Wohnung kennen und leerte meine Weinregale – so funktionierten die sozialen Netze vor Facebook und Twitter.

Die Wohnung oben am Castelo war mein erster ernster Versuch, solide und sesshaft zu werden. Der Versuch scheiterte kläglich, und nicht die Krise war daran schuld, sondern die lange Fiesta. Aber in der kleinen Wohnung in einem Haus, das so schief war, als hätte es das große Seebeben des 18. Jahrhunderts nur mit schwankender Mühe überlebt, lernte ich viel über die alten Lissabonner.

Vom kleinen Wohnzimmer aus überblickte man die gesamte kilometerweite blaue Wasserfläche des Stroh-Meers, wie die Flusserweiterung des Tejo vor dem Atlantik genannt wird. Das Blau des Meeresarmes, das man durch die Fenster sah, war so maritim, als wäre man auf dem Deck eines wankenden Schiffes. Entsprechend gaben die alten Holzdielen in der kleinen Wohnung bei jedem Schritt nach. Die Toilette war kaum größer als ein Kleiderschrank, und auch die Küche war winzig. Doch für nautische Verhältnisse waren die Schlaf- und Wohnkajüten an der Rua da Saudade 7 großzügig, und bei den vielen Partys, die ich organisierte, musste nie jemand vor der Tür bleiben.

Die beiden Nachbarinnen, die den Dachboden über uns bewohnten, waren weit über 80 und doch sehr fit vom täglichen Treppenlaufen und Hügelbezwingen von der Innenstadt bis hoch zu den römischen Ruinen, an denen das alte vierstöckige Haus angrenzte. Am ersten oder zweiten Tag nach unserem Einzug standen die zwei sehr kleinen Schwestern vor der Tür mit einem großen, fast zahnlosen Lächeln und einem Teller in der Hand, über dem ein sauberes kariertes Küchentuch lag. Es waren wunderbare Kabeljaupasteten, die besten, die ich seit langer Zeit gegessen hatte, denn die Kaffeehäuser, in denen sie verkauft werden, sparen immer an dem teuren Trockenfisch aus den nördlichen Meeren. Aber nicht diese. Sie waren außen knusprig frittiert, innen weich mit der perfekten Konsistenz und Fisch-Olivenöl-Kartoffel-Proportion. Ich schloss die beiden alten Damen ins Herz, und es machte mir irgendwann auch nichts aus, dass sie darauf bestanden, weil sie es wohl gemeinsam mit einigen anderen alten Nachbarn beschlossen hatten, ich sei Architekt und meine Exfrau Kindergärtnerin. Keines von beidem traf zu, trotzdem nannten sie mich immer »Senhor Arquitecto«, und mehrere Versuche, sie zu berichtigen, blieben erfolglos.

Die beiden betagten Nachbarinnen, eine ehemalige Keramikmalerin und eine Näherin, Zeuginnen einer Zeit, als es in Lissabon noch Industrie gab und tatsächlich Sachen produziert wurden, bekamen, wie sie mir erzählten, die Mindestrente von 150 Euro pro Monat. Ihre Miete, wie die so vieler anderer aus sozialen Gründen »eingefrorener« Mietverträge, betrug nur 12 Euro. Diese »Sozialpolitik« des Staates bezahlen auch heute noch die Vermieter, die die alten Mietverträge nicht kündigen können. Die neuen Mietverträge haben wegen dieser Marktverzerrung exorbitant hohe Mieten, also entschieden sich die meisten Portugiesen für den Wohnungskauf, wovon, und das war selbstverständlich alles andere als ein Zufall, in erster Linie die Banken profitierten.

Die weißhaarigen, penibel frisierten Schwestern lebten sehr schlicht, wussten aber immer, wo es das beste Gemüse, Obst und den frischesten Fisch zum niedrigsten Preis gab. Noch heute, trotz der Krise, kann man auf dem Fischmarkt in Lissabon exzellente fangfrische Fischsorten wie den Carapau Negrão (Schwarze Stichlinge) für anderthalb Euro das Kilo kaufen. Für viele Menschen wie meine Nachbarinnen entkam Portugal nie der Krise, sie waren arm vor der Euphorie und blieben arm, auch wenn sie ein Arbeitsleben von vielen Jahrzehnten hinter sich hatten. Das hinderte sie nicht daran, wunderbare Köchinnen und perfekte Gastgeberinnen zu sein.

Am Nachmittag klingelte es oft an der Wohnungstür, dann saßen die alten Frauen bei mir, ich kochte einen Tee, holte einen Keksteller, und sie erzählten von früher, als es im touristischen Viertel, in dem ich eingezogen war, statt sechs Antiquitätenhändlern und neun Souvenirläden viele kleine Werkstätten, Betriebe und Manufakturen gab. »Und die Sachen hatten eine Qualität!«, war ein Satz, den sie oft wiederholten. Sie wussten diese Qualität, die nicht nur nostalgisch war, mit Details zu beschreiben – die

Stoffe, die Nähte, die Festigkeit des Leinens, den Glanz der Farben, den Duft der Kräuter, die Sahne der Milch oder die Frische des Wassers, das man auch in der Innenstadt vom Brunnen holen musste und aus dem Waldgebiet Sintra kam. Sie konnten kaum schreiben oder lesen, aber sie waren das, was die meisten jungen oder alten Menschen nur sehr selten sind. Sie waren weise und großzügig. Das ist schon zehn Jahre her, und die beiden Damen werden wahrscheinlich nicht mehr am Leben sein. Von ihnen habe ich viel über das Land gelernt, das bettelarme Land, wo so zahlreiche schöne, gute Menschen leben. Oder vielleicht schon tot sind.

In den Jahren der Fiesta im Süden, während ich beobachtete, wie Freunde und Bekannte immer teurere Wohnungen und Autos mit Geld kauften, das sie nicht hatten, investierte ich fast mein ganzes verfügbares Einkommen in die Gastronomie und in gute Weine. Obwohl ich die Weine immer sofort entkorken ließ oder selber die Korken zog, war meine Anlagestrategie im Vergleich die bessere. Ich habe in zwei Jahrzehnten ähnlich viel für vergängliche Genüsse ausgegeben, wie ein Freund verloren hat, der ein Haus abbezahlt, das heute nur noch die Hälfte wert ist. Der Hauptunterschied: Ich habe keine Restschulden.

Mein Vorteil war, dass ich durch meine Verbindung zu Deutschland auch immer einen Bezug zu einem gesunden Immobilienmarkt hatte, auf dem die Preise dreißig Jahre lang stabil geblieben waren. Jeder halbwegs informierte Mensch weiß, dass ein zehn Jahre alter VW-Golf keine 20 000 Euro wert sein kann. Aber bei Immobilien ist es anders. Während meine Freunde und Geschwister in Deutschland Einfamilienhäuser für 150 000 oder 250 000 Euro kauften, gab es in Lissabon für das Geld eine Zweizimmerwohnung. Die Immobilienblase erkannte ich und investierte weiterhin lieber in die krisensichere Kunst des Lebens.

In erstauntem Tonfall und in den verschiedensten Versionen musste ich jahrelang die Frage »Was, du wohnst zur Miete?« hören, meist gefolgt von einem verständnisvollen oder ermutigenden Blick, der »Gib nicht auf« oder »Es wird schon werden« zu sagen schien. Ich versuchte meine Freunde zu warnen. Es war zwecklos, ein Tropfen auf den immer heißeren Hausmarkt. Alle glaubten, was im Fernsehen, Radio und in der Presse ständig wiederholt wurde. Sie glaubten felsenfest, Immobilien seien die sicherste Anlage und dass die nie endende Wertsteigerung eine natürliche Eigenschaft von Ziegelsteinen, Zement, Bauland und Mörtel wäre.

Fußballer, Stierkämpfer, Schlagersängerinnen, Richter, Schauspieler, Models oder Unternehmer, die ich für das Finanzmagazin *Carteira*, in dem ich Mitte der Nuller-Jahre, nach der Schließung der Zeitschrift *Fortunas & Negócios*, Ressortleiter für »Gutes Leben« war, interviewte und nach ihrer Anlagestrategie fragte, alle sagten das Gleiche. Es war schockierend und augenöffnend. Sie investierten ihr ganzes Geld, ihre Alterssicherung in Wohnungen, in Häuser, in Bauprojekte, in Bürogebäude oder Einkaufszentren. Sie alle stehen heute am Rande des Ruins oder mittendrin.

Es wäre mir mitten in der Immobilienblase nie eingefallen, eine Wohnung oder ein Haus zu kaufen, wenn ich es unverbindlich mieten konnte. Einmal in den 80er-Jahren trampte ich von der Bochumer Innenstadt ins Uni-Center und wurde von einem jungen Paar in einer klapprigen Ente mitgenommen. Sie unterhielten sich über Wohnungen. Es ging nicht um Immobilienerwerb, sondern über die Bedeutung der eigenen vier Wände. Die Frau sagte: »Das ist ein Gefängnis, für das du mit deinem Blut zahlst.« Im Auto roch es nach kaltem Haschischrauch. So geht es nun den meisten Menschen in Südeuropa, die mitten im Ratenkauf von Arbeitslosigkeit und der Krise überrascht wurden. Kredite wurden ihnen als allein glücksbringende Droge eingeimpft. Nun sitzen sie fest und bluten.

Überdurchschnittlich viele Portugiesen sind finanzielle Analphabeten. Francisco und Nuno, zwei meiner engsten Freunde in Lissabon, stehen stellvertretend für hunderttausende Portugiesen, die die Geldlücke am Monatsende mit Kreditkarten abdichten und mehrere tausend Euro Schulden Monat für Monat mit sich herumschleppten. Und das bei Wucherzinsen von 25 Prozent bis

30 Prozent p.a. auch in seriösen Bankhäusern. Sie sind beide intelligente Personen, aber Zahlen rauschen an ihnen vorbei wie die Seiten eines Buches an Menschen, die nicht lesen können.

Die Banken haben ihre Kunden im Süden durch die Medien und Werbekanäle, die sie kontrollieren, einer Gehirnwäsche unterzogen. Ein Haus, eine Wohnung müsse jeder kaufen und besitzen, das waren doch Vorbedingungen des irdischen Glücks. Als mir meine wenige Monate zuvor aus Brasilien eingewanderte Masseuse Viviane 2007 im Fitnessstudio des Hotels Real Palácio sagte, sie habe eine eigene Wohnung in einem Vorort von Lissabon gekauft »zu sehr guten Kreditkonditionen«, fühlte ich mich an die Anekdote zum Börsencrash von 1929 und dem Beginn der Großen Depression erinnert. Ein Großinvestor löste den Börsensturz damals angeblich aus, nachdem ein Taxifahrer ihm Börsentipps gegeben hatte. Aus Skepsis vor der kollektiven Euphorie verkaufte er sein Riesenaktienpaket.

Ich beglückwünschte Viviane. Es war zu spät, sie zu warnen. Sie erzählte mir stolz ihr ganzes finanzielles Leben. Auch ein Auto hatte sie schon auf Raten gekauft, und nun bemühte sie sich um einen weiteren Kredit, um sich beim nächsten Urlaub in Brasilien einer Serie von kleineren Schönheitsoperationen zu unterziehen. Dann kam 2008 in Amerika die Pleite einer riesigen Bank, und das Geld wurde weltweit knapp, weil alle anderen Banken einander nicht mehr trauten und auch kein Geld mehr liehen. Nach der Sturmflut des jedem zugänglichen Geldes kam eine extreme Ebbe. Staatskassen leerten sich und bekamen kein frisches Geld auf dem Markte. Bauunternehmern ging das Geld für ihre Projekte aus.

Pedro und Manuel, zwei Architekten und langjährige Bekannte, hatten die Projekte aller Infrastrukturen der Expo 98 geleitet, Fußballstadien und Hotels gebaut, Millionen Umsätze gemacht und zwanzig Jahre lang über 300 Mitarbeiter in ihrem Architektenbüro beschäftigt. Im Januar 2014, als ich sie traf, waren sie fast allein in ihrem lichtdurchfluteten Büro am Tejo. Keine Kunden, keine Aufträge.

2013 haben sie Geld zusammengekratzt und eine Delegation aus den Arabischen Emiraten zum Essen eingeladen, ins Eleven, ein Sterne-Restaurant aus Glas und Beton auf einem der höchsten Hügel Lissabons. »Eigentlich wollten wir nur einen ganz normalen Termin«, sagte mir Manuel. »Aber die Arabische Handelskammer ließ uns ausrichten, sie hätten nur noch den einen Abendtermin vor der Abreise frei, und sie würden gerne im Eleven essen. Am Ende war die Rechnung so lang wie eine arabische Rufnummer mit allen Vorwahlen.« Den erwünschten Auftrag für ein Fußballstadion haben sie nicht bekommen.

André Lourenço ist Anfang 40, auch Architekt und hat ein Büro in der Innenstadt von Porto. Er müsste eigentlich auf dem Höhepunkt seines Schaffens sein. Als er wegen der Auftragslage den Mietvertrag für sein Büro kündigen wollte, bestand der Hausbesitzer darauf, dass er bleiben müsse. Auch ohne die Miete zu zahlen. Er wolle nicht, dass die Etagen leer stehen, und verzichtete lieber auf die Einnahme, als seine Immobilie der Verwahrlosung preiszugeben, sagte ihm der Vermieter. »Er hat mich regelrecht angefleht«, erinnerte sich André, der sich fragte, wovon er in Zukunft leben würde.

Sei dem Anfang der Krise sind viele Architekten aus meinem Bekanntenkreis ausgewandert. Aber es sind nicht nur die Architekten. Den Anwälten geht es nicht besser. Marta, eine Freundin, die eine Kanzlei in bester Stadtlage hat, klagte im Dezember 2013, als wir unseren ersten Urlaub in Portugal verbrachten: »Letzten Monat habe ich nur 200 Euro verdient.«

Zwei Jugendfreunde, beide Juristen, sind schon vor Jahren in die ehemalige portugiesische Kolonialstadt Macau nach China ausgewandert. Der eine, Jorge Menezes, ist Anwalt eines Kasinoinvestors und wurde im März 2013, als er frühmorgens seinen fünfjährigen Sohn zum Kindergarten begleitete, auf offener Straße von zwei Gangstern niedergeschlagen. Die Nachricht las ich online bei CNN. Jorge würde gern nach Portugal zurückkehren, aber in Portugal gäbe es für ihn nichts zu tun. Die Kasinos in Macau machen heute sechsmal mehr Geld als die in Las Vegas, die Triaden kontrollieren ein weites Drogen- und Prostitutionsnetz, und es ist ein nicht ungefährliches Pflaster für eine Familie. Die Frau meines Freundes kehrte mit den Kindern nach Portugal zurück. Jorge, mit dem ich vor 40 Jahren die Schulbank drückte, blieb als Geldverdiener in China zurück.

Carla Briz war eine der ersten Personen, die ich in Lissabon kennenlernte, und wir sind seitdem befreundet. Sie ist Juristin, arbeitet seit vielen Jahren im Bauamt der Stadtverwaltung. Sie sollte eigentlich froh sein, einen relativ sicheren Job zu haben, könnte man denken. Das Problem ist, sie verdient knapp eintausend Euro pro Monat, hat zwei Kinder und sieht keine Zukunftsperspektiven. »Diese Stadt ist so wunderschön, aber wenn ich könnte, würde ich sofort auswandern«, sagte sie mir in ihrer letzten E-Mail im April 2014.

In fast allen Berufen haben die Menschen Schwierigkeiten, ihren Lebensunterhalt zu bestreiten. Ob Anwälte, Architekten, Autoverkäufer oder Zerspannungsmechaniker, kaum jemand kann von seinem Einkommen leben, geschweige denn Schulden tilgen. Und gute Aussichten, im Ausland einen fair bezahlten Job zu finden, haben von den obigen Berufen die Zerspannungsmechaniker. Die braucht zurzeit die deutsche Industrie.

Vor zehn Jahren, lange vor Ausbruch der Krise, fing ich an, mich für das Phänomen der Auswanderung zu interessieren und darüber zu schreiben. 2004 war Portugal am Anfang der Euro-Euphorie, das Land boomte. Trotzdem suchten viele Portugiesen im Ausland einen schnelleren Weg in den Wohlstand, denn die meisten Gehälter in Portugal blieben im Vergleich zu den anderen EU-Ländern sehr niedrig. Damals zog es die meisten Auswanderer in die Exkolonien, vor allem nach Mosambik, weil das Land halbwegs friedfertig und sicher war.

Qualifizierte Arbeitskräfte wurden in Mosambik dringend benötigt. In Maputo machte ich Dutzende von Interviews, sprach mit dem Abenteurer, der im Norden Mosambiks Rinder züchtete und sie einmal im Monat zum Schlachthof in die Hauptstadt Maputo fuhr. Ich lernte in der ehemaligen afrikanischen Kolonie eine junge Agrarökonomin aus den Azoren kennen, der schon zweimal das Auto vor dem Haus geraubt wurde – einmal war ihr Baby drin, und sie hielt sich so lange am Auto fest, bis sich die Gangster erbarmten und ihr das Baby durch das Autofenster gaben. Ich sprach mit einem Designer, der einen Goldenen Löwen in Cannes für seine Werbearbeit gewonnen hatte, und mit einem Konditor, der in der Innenstadt von Maputo Pastéis de Nata, die typisch portugiesischen Blätterteigtörtchen mit Sahnepuddingfüllung, für 5000 Dollar pro Monat buk, sechsmal mehr, als er in seiner Heimatstadt in Portugal verdient hatte. Die Auswanderer dieser Krise aber treibt nicht mehr die Abenteuerlust und die Jagd nach Gold, sondern das Überleben.

Auf Sozialhilfe haben die meisten portugiesischen Familien trotz Massenarbeitslosigkeit keinen Anspruch, nur wenige bekommen den Höchstsatz von derzeit 178 Euro pro Monat. »Zu wenig zum Leben, zu viel zum Sterben«, ist ein oft gehörter Satz. Auswandern ist der einzige Ausweg. Einer meiner ehemaligen Chefredakteure, der vier Kinder hat, arbeitslos und verzweifelt ist, suchte im Dezember 2013 nach Stellenangeboten für Fernfahrer in Australien. »Nach Australien?«, fragte ich ihn. »Komm doch nach Deutschland, hier findest du Arbeit.« »Eher mache ich einen Lkw-Führerschein, als dass ich vernünftig Deutsch lerne«, er lachte. Nach Australien sind in den letzten Jahren auch viele Portugiesen ausgewandert. Viele meiner Landsleute im Süden gehen seit vielen Jahrhunderten mit derselben Selbstverständlichkeit ins Ausland, mit der Portugal selbst ausländische Elemente aufnimmt.

Für Deutsche scheint es contra natura zu sein, das, was aus dem Ausland kommt, mit offenen Armen willkommen zu heißen, es offen zu bewundern, nachzuahmen oder in wenigen Jahren zu assimilieren. Das gilt für Einwanderer wie für neue Technologien: Noch heute staune ich über die begrenzten Möglichkeiten der Geldautomaten zwischen Flensburg und Füssen. In Deutschland drucken die Geldautomaten nicht mal einen Kontoauszug aus, und wer am »falschen« Automaten Geld abhebt, muss eine Art Strafzoll zahlen. In Portugal kriegt man an jedem Geldautomaten Geld, und es gibt sie an jeder Straßenecke, man kann Steuern oder Strafzettel bezahlen, das Konto verwalten, Konzert- oder Zugfahrkarten kaufen.

Für Portugiesen, die die ältesten und stabilsten Landesgrenzen Europas haben, ist die Bewunderung alles Ausländischen eine zweite Natur. Vorausgesetzt, die Ausländer sind hellhäutig (gegenüber allen anderen Einwanderern verhalten sie sich im Normalfall paternalistisch und subtil diskriminierend). Eça de Queiroz beschreibt in seinem Buch »Vetter Basílio«, einem der großen Verführungsromane des 19. Jahrhunderts, die krankhafte Art, wie sich Portugiesen für alles begeisterten, was aus den europäischen Metropolen kam. Seine sarkastische Kritik könnte man so zusammenfassen: Etwas brauchte nur französisch oder englisch zu sein, und schon trug es jeder Portugiese auf dem Kopf, der zu wenig mehr genutzt wurde – auch wenn die importierte Zierde aussah wie ein Salatblatt oder eine Melone. Daran hat sich seit Queiroz' Tod im Jahr 1900 wenig geändert. Nur dass es heute kaum noch Hutträger, dafür aber umso mehr Autofahrer gibt. Diese träumten vor der Krise vor allem von deutschen Autos. Und wer sich nicht für Autos interessierte, träumte von einer deutschen Küche oder von Scheren aus Solingen.

Portugiesen bewundern ihre europäischen Nachbarn jenseits der Pyrenäen. Ganz besonders bewunderten sie in den letzten Jahrzehnten Deutschland und die Deutschen. Ulrich, Strecht, Bismarck oder Wallenstein sind nur einige von vielen Nachnamen angesehener Familien in Lissabon und Porto, die die meisten Portugiesen zwar nur mit Schwierigkeiten aussprechen, aber die seit Generationen großes Gewicht in der Wirtschaft, Politik und Kultur haben.

Die portugiesische Bewunderung für die »Germanen« saß viel tiefer, als die Werbekampagnen der »Deutschen Technologie« oder des »Vorsprungs durch Technik« hätte säen können. Sie hatte ihren Ursprung wahrscheinlich schon im 5. Jahrhundert bei den auswandernden germanischen Völkern, die auf der Iberischen Halbinsel, auf der sie wegen ihrer Waffenmacht zur Aristokratie aufstiegen, ein neues Zuhause fanden. Helle Haut, blaue Augen und andere nordische Merkmale wurden mit der Zeit zu einem Kennzeichen der hohen Schichten der Gesellschaft in Portugal und Spanien, und so ist es bis heute.

Jeder ausländische, europäische Name in der ellenlangen Sequenz, die jeder Portugiese führt, ist bis heute eine soziale Aufwertung. In vielen angesehenen Laufbahnen, wie der Diplomatie, gehören die französischen, englischen und deutschen Nachnamen seit vielen Generationen dazu. Ein wichtiger Teil der portugiesischen Eliten in den letzten 100 Jahren besuchte die deutschen Schulen in Porto oder Lissabon. Auch ich fand dank meiner deutschen Kultur und Abstammung Anfang der 90er-Jahre meinen ersten Job in Lissabon, der mich mit der Elite des Landes in Berührung brachte.

Ich fing damals als Jurastudent an, einer Professorin bei einer akademischen Arbeit zu helfen, übersetzte für sie deutsche juristische Texte aus dem 19. und Anfang des 20. Jahrhunderts. Sie zahlte ein für mich damals kleines Vermögen pro Monat, vertraute mir ihre juristischen Zweifel und bald die persönlichen Frustrationen an. Wir saßen in ihrem Wohnzimmer, ich hörte ihr stundenlang zu, rauchte Zigaretten und trank Tee. Sie war eine interessante, widersprüchliche Person, rauchte Pfeife, war eine überzeugte Kommunistin, hatte drei Hausangestellte, einen Chauffeur und einen großen Garten mitten in der Innenstadt.

Ihr Ehemann war ein sehr erfolgreicher portugiesischer Anwalt, politisch ebenfalls im Linken Spektrum engagiert und ein begabter, artikulierter Redner. Er schien es aufrichtig zu bedauern, kein Deutscher zu sein, obwohl oder weil er als Portugiese die Deutsche Schule in Porto besucht hatte. Wenn wir uns begrüßten, machte er immer eine Beinbewegung, als wollte er die Hacken zusammenschlagen, den deutschen Offizieren in alten Kriegsfilmen verblüffend ähnlich.

Die Professorin und ihr Mann luden mich zum Essen ein, sie hatten oft Künstler als Gäste zu Hause, schenkten mir Konzertkarten, und irgendwann boten sie mir einen Job in dem Bürgerrechtsverein an, den sie gegründet hatten und dessen Vorsitzender der politisch ambitionierte Anwalt war. So wurde ich mit 24 Jahren, bevor ich mich für den Journalismus entschied, für ein Jahr Generalsekretär und einziger bezahlte Angestellte einer Nicht-Regierungsorganisation, der ein großer Teil der Lissabonner Oberschicht angehörte.

Das letzte Mal, als ich den Anwalt sah, war er auf einer Demonstration im Chiado, im Zentrum Lissabons, und protestierte mit den Neo-Kommunisten des BE (Bloco de Esquerda) gegen die, wie es in den Plakaten hieß, »Politik der Lakaien des großen Kapitals«. Zweieinhalb Jahre später, 2007, saß er als Minister in der Regierung. In der Zwischenzeit hatte er sich von der intellektuellen Pfeifenraucherin getrennt und lebte mit einer langbeinigen TV-Kulturjournalistin, die im Fernsehen den Namen des französischen Malers Henri Matisse amerikanisch »Henry Mätiss« aussprach. Ich musste an diesen meinen Bekannten und portugiesischen Exminister denken, als die Fiesta endete, das böse Erwachen begann und die verbale Gewalt gegen Deutsche ab 2011, mit den ersten Sparauflagen aus Berlin, anfing, um sich zu greifen.

Er hatte mir ein paar Mal erzählt, dass er während seiner Schulzeit unter den strengen Lehrern und Regeln und der Diskriminierung der portugiesischen Schüler des Deutschen Gymnasiums in Porto gelitten hatte. Oft, wenn er von Deutschland erzählte, wurde mir sein unterschwelliger Hass gegen Deutsche bewusst. Einmal ging es um den Hausmeister eines Instituts in Deutschland, der ihn zu Unrecht verdächtigte, nachdem ein anderer Ausländer eigenständig einen Tisch aus einem Raum in einen anderen Raum umdisponiert hatte. »Ich habe ihm gesagt: Die germanische Sippenhaft gibt es nicht mehr!«, sagte er, und seine Augen glühten.

Ein anderes Mal war es die Bedienung oder eine unfreundliche Passkontrolle in einem deutschen Flughafen. Er war hin- und hergerissen zwischen seiner viszeralen Abneigung und der Bewunderung für alles Deutsche.

Ein paar Jahre später spürte ich fast nur noch den Hass der Portugiesen gegen Deutsche und kaum noch die Bewunderung. Es sind nicht mehr nur die ehemaligen, traumatisierten Schüler der elitären deutschen Gymnasien in Porto oder Lissabon. Als Frau Merkel 2012 das letzte Mal Lissabon besuchte, interviewte ich für einen deutschen Fernsehsender Menschen auf der Straße vor dem Präsidentenpalast in Belém, wo die Bundeskanzlerin zu einem Empfang erwartet wurde. Es waren teilweise spontane Demonstranten: Passanten, die stehen geblieben waren, weil andere vor ihnen bereits an den Sicherheitsabsperrungen stehen geblieben waren. Die Hasstiraden gegen Deutschland, die ich an dem Tag von Hausfrauen, Rentnern und Schülern zu hören bekam, schockierten mich.

Die Plakatsprache der Demonstranten hatte sich seit der Intervention der Troika im Jahre 2011 zugespitzt: Hakenkreuze zierten die Transparente, und alle möglichen anatomisch inspirierten Beschimpfungen gegen die deutschen »Strippenzieher« machten die Runde. Als ich an diesem Tag eine junge Frau in der Menge sah, die beidarmig einen handbeschriebenen Pappkarton über ihren Kopf hielt, auf dem »Portugal = Auschwitz« stand, spürte ich, es war Zeit zu gehen. Ich konnte mich an die Tiraden gegen die »neuen Tyrannen Europas«, die Teutonen und die Troika nicht wirklich gewöhnen. Die Feindseligkeit zerrte an meinen Nerven.

LISSABON, 15. SEPTEMBER 2012. Sofia, meine damals vierjährige Tochter, saß auf meinen Schultern und kraulte meine Haare. Ich blieb auf dem Rasen am Rande des Gulbenkian-Parks stehen. Eine halbe Million Menschen demonstrierten in Lissabon an diesem warmen Septembernachmittag, eine beeindruckende Massenkundgebung. Meine Frau und ich gaben uns die Hand, zwischen uns die kleine Maria, die sich an unseren Beinen festhielt, während die Menschenmasse an uns vorbeizog.

Protestiert wurde gegen die Austeritätspolitik, und die antideutschen Sprüche waren wieder überall zu lesen. Die Politik in Brüssel und Berlin hatte bestimmt, dass es ohne eine radikale Schrumpfkur kein frisches Geld mehr geben sollte, um den öffentlichen Sektor und die Banken am Leben zu halten. Es war die größte Demonstration im Land seit der Nelkenrevolution 1974. In 15 Jahren waren 80 Prozent der Arbeitsplätze in der Textil- und Schuhindustrie verloren gegangen. Die Globalisierung hat das Rückgrat der portugiesischen Wirtschaft gebrochen. Der korrupte Machtapparat hatte sich 30 Jahre lang unter Aufsicht der EU aus öffentlichen Mitteln bedient. Nun waren die Kassen leer, Justiz, Gesundheitswesen und Erziehungssystem leere Worthülsen geworden. Ein Feindbild musste her.

KAPITEL 11

Der Lebensläufer

HEIDENHEIM, DEZEMBER 2013. Der Chef und Geschäftsführer des mexikanischen Restaurants am Brenzpark in Heidenheim, seinem Aussehen nach ein Tamil aus Südindien, sah mich aus rabenschwarzen Augen an. »Was machst du hier? Wir haben zu. Du darfst hier nicht sein!« Die Agenturmitarbeiter meines Arbeitgebers und die Gäste des Mexikaners teilten sich dieselben Toiletten im Erdgeschoss. Ich sagte ihm, dass ich in der Agentur in der 1. Etage arbeitete und die ausdrückliche Erlaubnis meines Arbeitgebers hatte, durch das Lokal zu gehen, um in den Park zu gelangen.

Heidenheim ist die einzige deutsche Stadt, die ich kenne, in der man zahlen muss, um den Stadtpark zu betreten – ich hatte zwar eine Jahreskarte, aber die gesamte Grünanlage an den Brenzufern war umzäunt. Es gab in zehn Gehminuten Entfernung zwei Haupteingänge. Doch der schnellste Zugang für mich führte durch die Gaststätte. Einige meiner Kollegen rauchten vor dem alten Industriegebäude der ehemaligen Kattun-Manufaktur zwischen den parkenden Autos. Ich ging lieber hinten heraus, jeden Tag ein oder zwei Mal, um ein paar Minuten frische Luft zu schnappen und mich von den Anstrengungen der »Königsdisziplin des Schreibens«, wie der Agenturinhaber das Werbetexten nannte, zu erholen.

»Ich sage dir, du darfst nicht hier durch!« Am Vortag hatte ich im Vorbeigehen einen Brief gesehen, den der Postbote unter die Glastür durchgeschoben hatte und der auf dem Boden lag. Der Absender war der Gerichtsvollzieher.

»Hören Sie, ich habe hier nach Feierabend auch schon ein paar

Mal gegessen. Das werde ich nicht mehr tun, falls Sie den Laden noch einmal öffnen sollten.«

»Verschwinde hier!«, schrie der aufgebrachte Inder jetzt. Ich drehte mich um und ging. Kurz vor der Restauranttür und den Treppen zur Agentur sagte ich etwas zu laut in meinen Hemdkragen hinein den traditionellen Schwabengruß nach Götz v.B., der am prägnantesten meine Meinung über unfreundliche Mitbürger allgemein und cholerische Köche speziell ausdrückt. Fast simultan hörte ich die Thekenklappe zufallen und hastige Schritte hinter mir. Ich hatte nur Zeit, den Kopf über die Schulter zu drehen. Es war dunkel im Eingangsbereich des Gebäudes. War das ein Messer, ein Schlagstock in der Hand des rasenden Inders oder ein Handy? Ich lief los. Es war eine deutschsprachige Ironie: Nach rund 100 Lebensläufen hatte ich in Heidenheim endlich einen ersten Job gefunden. Jetzt musste ich schon wieder um mein Leben laufen.

LISSABON/ALGARVE, JANUAR BIS JUNI 2013. Der Umzug von Lissabon, der tropischsten Hauptstadt Europas, an die touristische Südküste Portugals war mein erster Schritt auf dem Weg in ein neues Leben.

Dass ein neues Leben kommen musste, wusste ich, als der Umzugswagen aus Lissabon nach Süden an die erste Station an der Algarve losfuhr. Der nächste Schritt sollte die endgültige Fahrt in den deutschsprachigen Raum sein. Irgendwohin nach Deutschland oder Österreich. Damals war noch alles offen. Es hätte auch Wien oder Berlin sein können, wäre nicht die Krise des deutschsprachigen Journalismus gewesen, die meinen Optimismus – »drei oder vier Bewerbungen und los geht es in einer interessanten Redaktion« – bald drosseln sollte.

In fünf Jahren des Zusammenlebens hatten Alexandra und ich eine beachtliche Menge Möbel, Bücher, Elektrogeräte und zwei Kleinkinder angesammelt. Von Lissabon wegzuziehen würde auch bedeuten, die journalistischen Kontakte hinter mir zu lassen.

Von der südlichsten Provinz Portugals aus würde ich nur sehr sporadische Reportagen oder Telefonschalten für deutsche Sender machen können. Das und eine freie Mitarbeit mit dem Goethe-Institut in Lissabon, die ich erst ein paar Wochen zuvor nach 20 Jahren wieder aufgenommen hatte, würden wahrscheinlich nicht ausreichen, die Festkosten unseres Familienlebens zu zahlen. Aber wir wollten unsere nächste Lebensetappe in Deutschland vorbereiten, die Miete in Lissabon war hoch, deswegen hatten wir den Mietvertrag gekündigt und zogen in unsere Ferienwohnung, die unser Eigentum war und außer den Nebenkosten keine Belastung bedeutete, bis ich eine Arbeit in Deutschland oder Österreich fand.

Das Leben ist ein schneller Lauf: Es schien gar nicht lange her, als Alexandra und ich ohne Kinder und ohne Kompromisse, außer verliebt zu sein, die Altbauwohnung an Lissabons schönstem Stadtpark gemietet hatten.

Die jahrzehntealten, hochgewachsenen, in steilen Winkeln verästelten exotischen Tipuana-Bäume, die schmiedeeisernen Balkongitter, die verkehrsberuhigte Avenida Conde Valbom mit einem großzügigen Mittelstreifen für Fußgänger und ohne Durchgangsverkehr, die kleinen Wirtshäuser und Geschäfte und am Ende der Straße die grüne Oase des Gulbenkian-Parks – hier würden wir glücklich sein. Vielleicht nicht für immer, denn so lange planten wir nicht im Voraus, aber wir waren es fast sechs Jahre lang. Schon beim Einzug hatte die leerstehende, lichtdurchflutete Wohnung einen einnehmenden Geruch nach Holz, Wachs und altem Wald. Der Aufzug in die zweite Etage war eine wurmstichige Holzkabine, ein Eisengitter musste seitlich zugeschoben werden, damit der Aufzug losfuhr. Meisten funktionierte er. Wenn nicht, hatten wir 44 Stufen zu bezwingen, die beim Begehen schon nach wenigen Tagen vertraulich knirschten.

Fünf Jahre und ein paar Monate später kam der Umzugs-Lkw wieder, und eine Lebensetappe war vorbei. Zwei gut gelaunte Brasilianer verpackten unsere Sachen, die größtenteils bis heute eine undankbare und sperrige Existenz im Keller unserer Ferienwohnung an der Algarve, die uns als Übergangsdomizil diente, fristen. Viele der Brasilianer, die in den 80ern nach Portugal ausgewandert waren, hatten 2013 wegen der Krise bereits die Heimreise nach Südamerika angetreten. Meine Cousine Miriam, die in der Kreditabteilung einer Bank arbeitete, erzählte mir, dass sich die meisten Brasilianer kaum um die ausstehenden Kredite scherten, die sie in Portugal mit jahrzehntelangen Fristen zum Wohnungskauf aufgenommen hatten. »Die Brasilianer verlieren ihre Jobs, packen ihre Sachen und verschwinden einfach auf Nimmerwiedersehen«, sagte sie vorwurfsvoll.

»Sie machen es richtig«, wandte ich ein. »Wenn man die Raten eines Immobilienkredits nicht mehr zahlen kann, muss man die Möglichkeit haben, den Hausschlüssel bei der Bank abzugeben und schuldenfrei weiterzuleben.« Im extremen Fall funktionierte es so in den Vereinigten Staaten, wo die Banken deswegen in kürzester Zeit im Jahre 2007 auf Milliardenkrediten sitzen blieben, was die große Weltwirtschaftskrise auslöste, denn Millionen von den leichtfertig vergebenen Krediten wurden gebündelt in den verschiedensten Verpackungen als Finanzprodukte weltweit im Finanzsystem verstreut.

In Spanien und Portugal war das Schuldverhältnis anders. Die arbeitslosen Menschen und nicht die Banken blieben auf den Schulden sitzen, auch wenn die Kreditnehmer auszogen und die Häuser oder Wohnungen versteigert wurden. Manuel, der Fleischer auf unserer Straße, der sein Geschäft aufgeben musste, war ein typischer Fall. Den vor Jahren aufgenommenen Kredit konnte er nicht mehr abzahlen. Er hatte seine Wohnung für 170 000 Euro gekauft, aber jetzt war sie nur noch die Hälfte wert. Nun hatte er die Immobilie verloren und ächzte arbeitslos unter einer Restschuld von 75 000 Euro.

»Was macht ihr noch hier?«, fragte ich Washington, den älteren der Brasilianer, die eine Pause vom Möbelschleppen machten. »Eure Landsleute kehren zurück, wir hier siechen dahin. Dort habt ihr doch bessere Chancen, oder?« Washington trank den Kaffee in unserer fast leeren Küche und lächelte. »Klar, wenn wir beim Bau arbeiten würden, wären wir schon längst weg. Es wird ja nichts mehr gebaut. Aber mit dem Umzugswagen machen wir gutes Geld.« Er lachte, als wäre noch Karneval. »Zurzeit ziehen alle um, in eine kleinere Wohnung, zu den Eltern, unter die Brücke.« Verglichen mit der Armut in den Favelas in Rio de Janeiro und der Unsicherheit in São Paulo herrschten in Portugal fast noch paradiesische Zustände, ergänzte er. Er sprach das Problem des menschlichen Leidens an, dass es immer jemanden gibt, dem es um einiges schlechter geht.

Alexandra und ich hatten beschlossen, in unserer Ferienwohnung in Portimão keine »Stadtmöbel« in der Wohnung aufzustellen. Für die meisten Bücher hatten wir keinen Platz mehr. Auch nicht für meine Kronjuwelen, die 24 Bände der Encyclopaedia Britannica, »die Summe des menschlichen Wissens«, die 244 Jahre lang gedruckt wurde. Seit zwei Jahren wurde sie nur noch online veröffentlicht. Ich hatte die letzte Druckausgabe und benutzte sie täglich bei meiner Arbeit. Jetzt landete sie in einem Regal im Keller unserer Ferienwohnung. Um meine Lebensläufe zu schreiben, würde ich sie nicht brauchen.

Der Felsstrand Praia da Rocha ist im Sommer eine Touristenhochburg. 2013 listete die *New York Times* Praia da Rocha auf Platz 19 der 40 »Must Go«-Touristen-Destinationen der Welt. Die Zeit, die wir dort verbrachten, war Nebensaison. Der Strand war menschenleer. Wir hatten ihn monatelang nur für uns. Ein riesiges weißes Areal, von Felsen umsäumt, windgeschützt von einem gutmütigen Meer gewaschen, in dem ich jeden Tag badete, auch wenn es im Winter für Portugiesen richtig kalt wurde (selten unter 16 Grad Lufttemperatur tagsüber, Wassertemperatur um die 15 Grad, meist sonnig).

Jeden Tag, bis auf sonntags und montags (an denen es keinen fangfrischen Fisch gibt, weil die Kutter an den Vortagen im Hafen bleiben), gingen wir gemeinsam mit den Kindern zum Fischmarkt.

Ich wurde ein Grill-, ein Seeteufel-Risotto-, ein Rochen-im-Ofen-Spezialist, las Fischbücher und arbeitete an einem Fisch-Wörterbuch. Ich kochte und backte Kuchen mit meinen Töchtern. Die Wochenenden verbrachten wir bei meiner Mutter auf der alten Orangenplantage und meiner Großmutter in Faro. Sie wohnten nur knapp eine halbe Autostunde von uns entfernt auf der, wegen der neu eingeführten Krisen-Maut, für die niemand Geld hatte, fast autofreien Autobahn A22, die parallel zur Algarve-Küste verläuft. Alexandra und ich redeten über unser zukünftiges Leben, meine Lebensläufe und lebten ungetrübt unsere Liebe. Abends saßen wir auf der Terrasse und überlegten, wohin es uns wohl demnächst verschlagen würde.

Wir machten Familienspaziergänge, die Kinder waren 24 Stunden am Tag mit uns zusammen. Nicht ganz 24 Stunden, denn am Markt in der Innenstadt von Portimão gab es einen kleinen Kundenkindergarten, »Tanias Schule«, wie Maria und Sofia sie nach der Erzieherin nannten und wo die beiden eine Stunde während der Einkaufszeit blieben. Es war eine wunderbare Zeit.

Während der ersten Monate am Strand haben wir noch parallel zu meinen Bewerbungen versucht, irgendwie an der Algarve beruflich Fuß zu fassen. Das wäre die einzige Alternative zum kurzfristigen Auswandern gewesen. Später, nach dem Abschluss der Grundschule an der Algarve, hätten wir immer noch ins deutschsprachige Ausland gekonnt. Es wäre wahrscheinlich möglich gewesen, wenn die Krise nicht auch dort so brutal zugeschlagen hätte. Der Tourismus lief zwar drei Monate im Jahr auf Hochtouren, aber das reichte nicht. Neue Jobs wurden auch an der Algarve mit maximal 500 Euro brutto pro Monat bezahlt, im Tourismus und in dem meisten anderen Branchen. Ich bekam als deutschschreibender Journalist ein einziges annehmbar honoriertes Arbeitsangebot: Ein kleiner, deutschsprachiger Verlag bot mir an, für 1000 Euro brutto pro Monat 20 Zeitschriftenseiten, inklusive zwei Reportagen, feste Rubriken und ein Editorial zu schreiben. Ich rechnete nach und lehnte ab. Es wären netto knapp über 600 Euro übrig geblieben, und die Deutsche Schule an der Algarve hätte uns für zwei Kinder 800 Euro monatlich gekostet.

Alles bestärkte uns in unserem Vorhaben, auszuwandern. Es war die weisere Entscheidung – kurze Zeit später stand auch der deutsche Verlag am Rande der Insolvenz und musste Stellen kürzen. So überbrückte ich weiter unsere Zeit an der Algarve mit den Tätigkeiten, die ich noch von Lissabon aus eingefädelt hatte. Für eine deutschsprachige Zeitschrift schrieb ich sporadisch Artikel. Der Geschäftsführer des Verlags, Herr B. und ich freundeten uns vage an. Seine Frau war die Chefredakteurin. Den Verlag und die Zeitschrift gab es schon über 20 Jahre. Das Unternehmen schien solide, die Zusammenarbeit viel versprechend.

Ich unterbreitete dem Verlag ein Projekt, und wir einigten uns, es als Partner durchzuführen. Eine Anwendung für Smartphones: einen Gastronomieführer für die Algarve mit den besten, »geheimen« Tipps eines einheimischen Gourmets und Lifestyle-Journalisten (der personell mit dem Verfasser dieses Buches übereinstimmt). Die dreisprachige Anwendung würde mich im Falle eines Verkaufserfolgs finanziell absichern, träumte ich. Es kam anders. Nach wenigen Monaten stellte sich heraus, dass der Geschäftsführer den Verlag gegen die Wand gefahren hatte. Er wurde als Geschäftsführer abgesetzt, die Polizei musste gerufen werden, weil er sein Büro nicht räumen wollte. Sein Nachfolger, auch ein an der Algarve ansässiger Deutscher, sagte mir, es gäbe kein Geld, das Projekt weiterzuführen. Die Smartphone-Anwendung drohte auf halbem Weg stecken zu bleiben, und ich musste ihre Fertigstellung am Ende allein finanzieren. Statt der Rückendeckung und des Marketings eines Verlags musste sich meine App »Algarve Tipps« auf eine Seite bei Facebook beschränken. Der Erfolg blieb – bis heute – aus.

Frau und Herr B., die die Zeitschrift und den Verlag leiteten, waren typische Deutsche an der Algarve. Seit 20 Jahren im Land konnte keiner von beiden einen vollständigen Satz auf Portugiesisch. Sie waren, solange sie den Verlag kontrollierten, wichtige

»Player« der deutschen Gemeinschaft an der Algarve. Ihre Freunde aus dem Golfklub und den Millionärsvillen am Strand entlang hatte ich bei mehreren Abendessen kennengelernt. Ich saß neben Frau B., die mir zu jedem einzelnen, der am Tisch sitzenden Charaktere die Details diskret zuflüsterte, was ich amüsant fand, bis sie, fortgeschritten im Weinkonsum, anfing, mit ihrer rechten Hand mein Oberschenkel zu massieren.

»C. macht seit Jahren jeden Tag seine 36 Löcher. Du solltest mal seine Maserati-Sammlung sehen. Für die hat er extra eine klimatisierte Halle gebaut. Der ist lange aus dem Gröbsten raus.« C. war ein hagerer Zeitgenosse. Später, als wir uns im Raucherraum des Veneza Zigarren anzündeten, nahm er mein Smartphone in die Hand und sagte: »Das ist doch Firlefanz, braucht kein Mensch. Alles, was ich brauche, kann der hier«, und er zeigte mir sein altes Handy, klobig wie ein Holzscheit. »Schau, ich drück hier und erfahre alles, was ich wissen muss.« Ich las auf dem kleinen grauen Bildschirm »DAX« und eine vierstellige Zahl mit dem Börsenkurs. »Zeig mal, ob dein Firlefanz das auch kann.« C. holte aus und warf sein Handy in einem hohen Bogen durch die Luft. Das Gerät krachte ein paar Meter weiter auf den Boden. »Hol es mal und schau es dir an.« Ich sagte ihm, ich sei sehr beeindruckt, drehte mich zur anderen Seite und redete mit dem Raucher rechts von mir weiter. Herr D. hatte »wirtschaftliche Interessen« in Portugal und Afrika. »Der handelt legal und vor allem illegal«, sagte Frau B. über ihn.

Herr D. sagte mir später: »Komm mal vorbei bei mir. Wir trinken einen Wein, deine Kleinen können reiten oder schwimmen.« Später bei ihm auf dem Reiterhof erzählte er, dass er »den Laden« für seine Frau gebaut hatte. »Fünfzehn Pferde, das kostet mich jeden Monat eine Stange Cash. Früher ging sie mit den Kreditkarten und ihren Freundinnen zum Shopping und ich kam billiger weg.«

Ich hatte ursprünglich die Hoffnung gehabt, in der lokalen deutschen Gemeinschaft ein interessantes Projekt zu starten, das mir das Leben an der Algarve ermöglicht hätte. Leider war mein berufliches Wirkungsfeld beschränkt. Nicht nur meine Talente waren eine Einschränkung, auch die Deutschen, die ich an der Algarve kennenlernte, begeisterten mich wenig für eine Zusammenarbeit. Bei vielen ging es am Rande der Legalität zu. In den 90ern hatte ich schon einige Reportagen für deutsche und portugiesische Sender über deutsche Steuerflüchtlinge, Pädophile, Kinderhändler und mit Drogen handelnde Jachtbesitzer an der Algarve gemacht. Ich verbrachte einige Abende mit dem deutschen Besitzer der Mackie-Messer-Bar auf der Insel von Faro. W. trug meistens eine blaue Kapitänsmütze und war ein in Deutschland erfolgreicher Bordellbetreiber, der sich manchmal »für ein paar Monate« absetzen musste, »um zu entspannen«, wie er mir erklärte. Er wusste immer, welche »schweren Kaliber« aus Deutschland gerade an der Algarve Entspannung suchten. Nach den Monaten an der Praia da Rocha letztes Jahr weiß ich, dass sich die deutsche Fauna im Süden nicht nachhaltig verändert hat.

Bei den meisten Deutschen in Portugal habe ich das Gefühl, dass sie hin- und hergerissen sind zwischen der Liebe für das Klima und einer latenten Verachtung für die »Eingeborenen«. Und die Eingeborenen lassen sie gewähren. Der Leiter des Finanzamtes von Faro sagte mir 2005 über die Deutschen an der Algarve: »70 Prozent ihrer Luxusvillen sind nicht in ihrem Namen, sondern im Namen von Off-Shore-Unternehmen registriert.«

Mit den Portugiesen etwas zu machen, war keine Alternative. Dafür war die lokale Arbeitslosigkeit zu hoch und die Gehälter, die die portugiesischen Arbeitgeber zahlten, zu niedrig.

ALGARVE, MAI 2013. Nicht alle Themen aus dem deutschen Umfeld an der Algarve konnte ich recherchieren. Ich weiß immer noch nicht, ob ein deutscher, in Lagos lebender Winzer mit künstlerischen Ambitionen tatsächlich 500 Millionen in den 90ern in Russland verdient hat, wie er behauptet. In der portugiesischen Presse wird er meistens respektvoll als der »deutsche Unternehmer und ehemalige Bankier« vorgestellt. Vielleicht war er nur ein weiterer Hochstapler. Ich habe mich einmal mit ihm in seinem Büro getroffen und danach ein paar E-Mails von ihm bekommen. Ich wollte den halben Milliardären überzeugen, in die App-Entwicklung zu investieren, aber er bekundete schnell, kein Interesse zu haben. Er war nur ein paar Jahre älter als ich, saß vor mir in seinem sehr einfachen Büro, wertlose Kunstdrucke an den Wänden, und sagte, er arbeite leidenschaftlich im Weinbau, aber mit Verlusten und müsse jährlich eine halbe Million aus seinem Vermögen in sein Weingut stecken.

Er erzählte abenteuerliche Geschichten seiner Vita in Moskau. Wie er mit der Mafia verhandelt hatte und von den Geschäftsmethoden der Oligarchen. Ich fand sie interessant und schlug vor, als Ghostwriter seine Biographie zu schreiben. Die Lebensgeschichte eines Exzentrikers, denn das war er sicherlich, zu schreiben, schien mir ein guter Plan, um ein paar Monate länger an der Algarve bleiben zu können. Einen Augenblick lang kam es mir so vor, als zögerte er. Oder war es nur eine Schrecksekunde? Der deutsche Halbmilliardär ging trotz des momentanen Zögerns nicht auf mein Angebot ein, seine Lebensgeschichte für ihn zu schreiben. Meine Stricke rissen.

Mein Angebot, als Gegenleistung zum Schulgeld meiner beiden Töchter die Pressearbeit der Deutschen Schule in Lagoa zu übernehmen, blieb gänzlich unbeantwortet. Die Wirtschaft funktionierte immer mehr als bargeldlose Tauschwirtschaft. Aber für Texte war auch als Tauschware die Nachfrage eher moderat. Es würde wohl wirklich Ade Algarve heißen müssen. Ich setzte mich hin, um Jobangebote in Deutschland zu suchen.

Es war im Arbeitszimmer unserer Ferienwohnung an der Praia da Rocha, der Vorkammer unserer Reise nach Deutschland, wo ich in der ersten Jahreshälfte des Jahres 2013 in der Kunst des Lebensläufers zum Meister avancierte.

Enid Blytons Bücher gehören zu meinen ersten Kindheitserinnerungen, bevor ich zur anspruchsvollen Literatur Karl Mays überging und beschloss, Weltreisender zu werden. Einer von Blytons

Helden, Frederik Algernon Trotteville, nach seinen englischen Initialen und Körpervolumen »Fatty« oder der Dicke genannt, war ein jugendlicher Detektiv, der mit seinen vier Freunden Kriminalfälle löste. Ich war von seinen Talenten beeindruckt. Er verkleidete sich, um undercover investigativ zu arbeiten. Das Maskieren und Sichverwandeln faszinierten mich von Fatty bis Felix Krull.

Obwohl meine Großmutter Wilhelmine Szymanski, die Violinistin des Orchesters in Torgau war, in meiner Jugend oft darauf bestand, ich müsste Schauspieler werden (sie tat es, glaube ich, nur, um mich über meine fehlende Musikalität hinwegzutrösten und trotzdem für ein künstlerisches Fach zu gewinnen), unternahm ich nie den Versuch einer Laufbahn auf der Bühne. Aber fast 40 Jahre nach meiner ersten Begegnung mit Frederik Algernon »Fatty« Trotteville durfte auch ich tief in die Kiste mit Perücken und falschen Bärten greifen und mich in wenigen Wochen auf Charakterrollen spezialisieren. Meiner Frau kam die Erfahrung als Redakteurin bei der *Vogue* zugute, sie fungierte als Masken- und Kostümbildnerin. So ziemlich das Einzige, was ich aus der Verkleidungstruhe als Lebensläufer nicht einsetzen musste, war Winnetous Federschmuck.

Im Laufe von fünf Monaten spielte ich die verschiedensten Rollen in deutschsprachigen, teilweise dramatischen Stücken für einen Schauspieler in Form vieler Vorstellungen, oder besser gesagt, vieler Vorstellungsgespräche mit interaktivem Publikum (meistens eine bis maximal drei Personen). Für einhundert Bewerbungen schrieb ich entsprechend viele Anschreiben, die gleichzeitig als Textvorlagen für die Aufführungen in den Bewerbungsgesprächen dienten.

In jeder Vorstellung war ich eine andere Persona. Im Spiegel sah ich jeden Abend eines meiner hundert Gesichter. Ich schrieb die Bewerbungen mit hingebungsvoller Leidenschaft. Zerriss die Dogmen der Personalberater. Erfand ein neues Genre, die multiple Persönlichkeitsbewerbung oder, literarisch, die facettierte Kurzautobiographie. Mich auf die multiplen Eckdaten meines Lebens stützend, spielte ich alle Rollen vom Kreativen Exzentriker oder Afrika-Spezialisten bis zum Lifestyle-Ressortleiter oder abgebrühten Zeitungsmacher, vom gescheitelten Pressesprecher der Börsenaufsichtsbehörde für den Wertpapierhandel bis zum Amazonasreporter mit Zehntagebart. Mal war ich der Wirtschaftsjournalist, mal der Weltenbummler, der technisch informierte Autojournalist oder der Naturfreund und Berichterstatter auf dem Fahrrad. Nie musste ich lügen, nur bestimmte berufliche Erfahrungen in den Vordergrund und andre zur Seite schieben.

Ich flog nach Wien und traf mich mit dem Herausgeber einer landesweiten linken Wochenzeitung. Ich bewarb mich im klassischen Anzug und frischrasiert lächelnd bei einem großen Online-Händler in München als Pressesprecher. Ich flog von der Algarve in zerrissenen Designer-Jeans und Dreitagebart zu Vorstellungsgesprächen in Werbeagenturen nach Berlin, ins Ruhrgebiet oder nach Süddeutschland. Ich fuhr die ganze Nacht über 800 Kilometer Autobahn durch ganz Deutschland nach Norden, um am Morgen pünktlich mit Krawatte mit nautischem Flaggenmuster in einer internationalen Reederei zu einem Vorstellungsgespräch für die Vakanz eines Fachredakteurs zu erscheinen.

Ich verhandelte als freier Redakteur mit der Geschäftsführerin eines Auktionshauses für wertvolle Geigen in Konstanz am Bodensee – ihr hatten meine Probetexte zu zwei antiken Streichinstrumenten gut gefallen. Aber als es um das Salär ging, wurden wir uns nicht einig – »Wie bitte? Für das Geld bekomme ich einen promovierten Kunsthistoriker.« Sie wollte nur 1000 Euro pro Monat bezahlen.

Ein kleiner Verleger einer Motorrad-Zeitschrift an der romantischen Weinstraße rief mich auf meine Bewerbung hin aus Deutschland an, wollte mich schon am Telefon fest unter Vertrag nehmen und mit seiner Tochter verkuppeln (»Sie ist ein gutes Mädchen, wird einmal die Geschäftsführung übernehmen. Und hübsch ist sie, Sie werden es ja sehen«). Als ich ihm sagte – es schien mir in diesem Fall erklärungsbedürftig –, ich käme gern zu einem Vorstellungsgespräch, sein Verlag müsste allerdings die Kosten für den Flug aus Portugal übernehmen, räusperte er sich, sagte, er würde sich seinen Terminkalender noch einmal anschauen, legte schnell auf und meldete sich nie wieder. Ich war erstaunt, wie wenig deutsche Unternehmen bereit waren, für einen erfahrenen, fünfsprachigen Mitarbeiter zu zahlen. Hatte die Resonanz meiner Bewerbungen vielleicht nur damit zu tun, dass so viele deutsche Schnäppchen-Jäger sind und auf eine billige Arbeitskraft aus dem Krisenland hofften?

Es war in keinem Moment leicht, von unserer Ferienwohnung an der Algarve aus eine Arbeit in Deutschland zu suchen, die es uns als Familie erlauben würde, eine neue Existenz in Deutschland aufzubauen. Medienverlage erteilten mir, bis auf einen Frankfurter Verlag, kurze, unpersönliche Absagen oder antworteten nicht. Würde das afrikanische Theater in Hamburg einen Bewerber für die Vakanz des Pressereferenten aus Portugal einfliegen lassen? Meine Bewerbung war subtil antikolonial verfasst. Schwieriger war die Bewerbung als Chefredakteur der Mitgliederzeitschrift eines Arthrose-Vereins im Saarland. Der Vorsitzende, ein Arzt, fragte mich am Ende eines etwas kurzen Bewerbungsgesprächs: »Können Sie auch Spendenaufrufe?«, dann erklärte er mir: »Wenn ich Ihre Texte lese, muss ich die Schmerzen spüren.« Mir ging das Bewerbungsmarathon auch in die Knochen.

In Portugal hatte ich mich mein ganzes Berufsleben lang nie aktiv bewerben müssen. Man kannte sich, wurde weiterempfohlen, abends von einem Chefredakteur angesprochen oder am Wochenende von einem Herausgeber angerufen. In Deutschland dagegen ist das Bewerbungstheater ein eigenes Fach.

KAPITEL 12

Als Tourist in Portugal

Alexandra, die Mädchen und ich waren gerade drei Monate in Heidenheim, und ich hatte bereits unsere Flüge für Weihnachten gebucht. Da die Billigflieger in den Weihnachtsferien aus Nächstenliebe – in der Form der Liebe nach dem Geld des Nächsten – so teuer werden wie Linienflüge, reservierte ich bereits vom 14. Dezember 2013 an bis weit in den Januar hinein. So konnte die ganze Familie in ihrem ersten Heimaturlaub für weniger als 300 Euro nach Lissabon und zurück fliegen. Kostenbewusst wie ein Schwabe, sagte ich mir. In Wirklichkeit waren meine Frau und ich voll von dem sehr portugiesischen Gefühl der »Saudade«, ein viel besungenes und angeblich unübersetzbares Wort, das ich knapp als »das sehnsüchtige Brennen des Heimwehs und das Vermissen von Menschen und Dingen gleichermaßen, die in verschiedenen Nostalgie- und Verklärungsgraden jeden Portugiesen spätestens 72 Stunden nach dem Auswandern befällt« übersetzen würde.

Wider Erwarten war mein Chef in der Agentur voller Verständnis für die mitten in der Probezeit erbetenen drei Urlaubswochen. Als schwäbischer Unternehmer leuchtete ihm wohl ein, dass ein kürzerer Urlaub die Flugkosten vervierfacht hätte. Trotz seines Verständnisses: Noch mehr, als mein Land wiederzusehen, freute es mich, der schwäbischen Mentalität und der Arbeit in der Agentur zu entkommen. Ich sehnte mich seit dem ersten Arbeitstag nach einem interessanteren Job, nach journalistischer Arbeit irgendwo außerhalb Schwabens, in einer lebendigen Stadt. Ich wünschte mir etwas Spannenderes und Sinnvolleres zu finden, als Dreizeiler für die Werbeanzeigen der lokalen Weihnachtsmärkte, Mitarbeitermagazine von Fuhrunternehmen und Kataloge der Kugellagerindustrie zu schreiben.

Der »Vorweihnachtsbrunch« mit allen Kollegen in der Agentur war ein langes Wort für ein menschlich sehr zurückhaltendes Ereignis. Es überraschte mich dann auch nicht mehr, dass während des gottesdienstfreien Konzerts in der Pauluskirche im Stadtzentrum Heidenheims, ein rotes Ziegelsteingebäude des späten 19. Jahrhunderts, niemand Beifall klatschte oder auch rückwärts über die Schulter die Musiker und Sänger eines Blickes würdigte, die oben im Chor sangen und spielten, und stattdessen die Musik mit derselben Miene über sich ergehen ließ, mit der ein Teller voller Maultaschen verdaut wurde. Ich verstand jetzt, was mein portugiesischer Großvater meinte, wenn er von der Kälte seines Schwiegervaters, meines schwäbischen Urgroßvaters sprach. Jetzt würde ich mich zeitweilig von dieser Kreisstadt verabschieden und Lissabon wiedersehen. Lissabon, die atlantischste Hauptstadt Europas, mein Heim und alles. Ich freute mich auf vieles, aber vor allem darauf, viele Portugiesen um mich zu haben, ihnen zuzuhören, mit ihnen zu lachen oder zu weinen. Ich vermisste frische Muscheln, das Meer und meinen Menschenschlag.

FRANKFURT, DEZEMBER 2013. Wir saßen am Flughafen in Frankfurt-Hahn am Tisch eines Fast-Food-Lokals und aßen unsere mitgebrachten Kabeljau-Pasteten, solche, wie es sie in Portugal an jeder Straßenecke gibt. Ich hatte sie extra als Proviant für die Reise frittiert. Ein erster Flair meiner Heimat, außen knusprigbraun, innen weich und flockig mit dem Duft frischen Korianders und dem leicht salzigen Geschmack des Fisches. Ich fühlte mich hervorragend, das Gefühl, ein heimkehrender Gastarbeiter zu sein, beseelte mich. Kabeljau – man liebt oder hasst ihn.

Wie so viele andere Deutsche konnte mein Vater den in den portugiesischen Lebensmittelläden allgegenwärtigen Fischgeruch des luftgetrockneten Stockfisches, wie der beinharte Kabeljau genannt wird, nicht ausstehen. Mit der Zeit gewöhnte er sich daran, und schließlich lernte er ihn lieben. »Einer meiner 346 Lieblingsgerichte«, sagte er. Auch die anderen 345 waren iberische Spezialitäten.

Ein paar Absätze über Fischerei, Gastronomie oder Kulinarisches bedeuten nicht das Abdriften der Erzählung – im Gegenteil. Portugiesen genießen das Essen und Trinken so sehr, dass sie dafür täglich ihr Leben riskieren. Wer als höchstes Risiko eine Gans oder einen Schweinebraten sonntags oder an Festtagen in den Ofen steckt, wer Vegetarier ist, kann diese Emotionen oft nicht nachempfinden.

Wenn die Fischer in Nazaré oder Caparica aufs Meer herausfahren, sieht man heute noch Frauen am Hafenkai oder auf der Düne stehen, die den Booten hinterherschauen. Die in Schwarz haben wahrscheinlich schon einen Mann oder Sohn im Atlantik verloren, denn jedes Jahr sinken und verschwinden Fischkutter. Auf jedem Fischmarkt an der Küste entlang kann man dafür täglich über 50 fangfrische Speisefischearten kaufen, vom Rochen bis zum Drachenkopf, von der Sardine bis zur Streifenbarbe. Und weil jeder Fisch viele traditionelle Zubereitungsarten hat, ist jeder Fischverkäufer ein kulinarischer Berater.

Kabeljau ist der König am portugiesischen Tisch. Der Stockfisch wird, sprichwörtlich, auf »1001« verschiedene Arten zubereitet, von den großen mit Olivenöl und Knoblauch im Ofen überbackenen drei Finger hohen Filetstücken bis hin zu den fast homöopathischen Verdünnungen in einem Ei- und Kartoffelbrei mit Kräutern. Der Stockfisch ist mehr als ein Lebensmittel. Als er Ende der 60er-Jahre knapp wurde und Anfang der 70er für die meisten unerschwinglich wurde, strauchelte die Diktatur, und später wackelte die Revolution.

Der Stockfisch erzählt auch einen Teil der Geschichte des portugiesischen Volkes. Generationen armer Männer, die nicht nach Afrika, Amerika oder Europa emigrierten, fuhren mit Schiffen nach Skandinavien, um den Kabeljau zu fangen. Die besten Exemplare wurden in Norwegens Meer gefischt. Ein gefährlicher Job, bei dem jedes Jahr viele Fischer starben. Vom Mutterschiff entfernten sie sich in Einmannbooten, fischten einsam mit der Leine, orientierten sich auf dem Meer nach dem Nebelhorn des Hauptschiffes, der in regelmäßigen Abständen tönte. Oft trieben sie ab. Meistens waren sie dann verloren. Ich habe die Geschichten aus erster Hand gehört, von Fischern und auch von Lagerarbeitern, die den hartgetrockneten Fisch in Säcken auf dem Rücken trugen. »Ich spüre bis heute die spitzen Gräten im Rücken«, sagte mir António, der dem Kabeljau beruflich verbunden geblieben ist und in einem Lissabonner Nobelrestaurant voller vergoldeter Spiegel als Kellner arbeitet.

Hart und gefährlich wie das Leben der Kabeljaufischer ist das der Entenmuschelfänger, die sich an hohen Felsen abseilen und die Muscheln, die aussehen wie Raubtierkrallen oder prähistorische Sauriernägel, mit dem Messer aus dem Felsen schlagen und ständig Gefahr laufen, von gewaltigen Brechern schäumenden Atlantikwassers gegen die scharfen, spitzen Steine der Felsmauern erschlagen zu werden. Entenmuscheln wissen für ihren hohen Preis zu entschädigen: Sie schmecken nach Meeresfrische wie kein anderes Meerestier.

Den kulturellen Stellenwert der gemeinsamen Mahlzeiten für einen Portugiesen oder Spanier kann ein Deutscher nur schwer nachvollziehen. Das Essen wird zelebriert. Ein Mittagessen mit Freunden kann sich bis in den Abend verlängern. Ein Abendessen dauert oft bis nach Mitternacht, ohne dass der Esstisch verlassen wird.

Die hohe Esskultur wird von den Portugiesen in dem Bewusstsein gepflegt, dass sie auch eine kulturelle Errungenschaft ersten Ranges ist. Das ist etwas, was eher ein südeuropäischer Rossini als ein sächsischer Schumann versteht. Eine gelungene Mahlzeit ist für einen Portugiesen jeder talentierten Musikkomposition oder literarischen Arbeit ebenbürtig. Das wahrscheinlich schon deswegen, weil es an den öffentlichen Schulen kaum eine musikalische Erziehung gibt, portugiesische Kinder nur sehr vereinzelt ein Instrument lernen und die allgemeine Schulpflicht in Portugal erst ab

1930 zögernd eingeführt wurde (im deutschsprachigen Raum dagegen fing sie fast 400 Jahre früher an).

Und wir reden viel am Tisch im Süden, vor allem über das, was man gerade isst, und das, was man beim nächsten Mal gemeinsam essen wird. Oft hört man an einem portugiesischen Tisch »Kannst du dich erinnern, als«, es geht dann um einen besonders guten Schinken, fangfrische Katzenhaie oder einen monumentalen Rotwein, an den man sich zurückbesinnt.

Mein deutscher Urgroßvater, der reservierte, wortkarge, gefühlskalt wirkende Schwabe, hatte sich in einem kleinen Städtchen an der Costa Brava und später an der Algarve diese Kultur angeeignet. Er ließ für die sonntäglichen Mahlzeiten der Familie und Freunde säckeweise Miesmuscheln aus Sagres kommen, bestellte wilden Lachs aus den Pyrenäen, kaufte selber auf dem Markt die fangfrischen Fische aus der Algarve. Und am Tisch sprach er sogar, nicht viel, aber er sprach. Ich saß mit meinen Cousins unter der efeubewachsenen Laube im Garten, unter der der große Esstisch stand, und wunderte mich, wie lange die Erwachsenen sitzen blieben und wie lange sie redeten. Zwischen vier oder fünf Gerichten fragte mein Großvater plötzlich, wo denn die kleinen Stichlinge seien, die er gekauft habe und die mit Kopf, Haut und Gräten in heißem Öl außen goldgelb, innen weiß, feucht und fest frittiert werden. Die Dienstmädchen, die des Hauses und die der eingeladenen Freunde, mussten in der Küche einen Gang zulegen.

Zu sagen, dass jemand eine »gute Gabel« ist, hat eine ganz besondere Bedeutung in Portugal. Eine eigene Fernsehshow, ein Familiengut aus dem 16. Jahrhundert, ein Ministerposten oder eine Professur sind, jedes auf seine Art, markante Merkmale eines hohen sozialen Status. Aber wenn man im Ruf steht, eine »gute Gabel« zu sein, ein Mensch, der die hohe Esskultur in allen Aspekten würdigt, öffnen sich viele Türen.

ALGARVE, JANUAR 2014. Seit drei Wochen war ich ein deutscher Tourist in Portugal. Ich war ein Besucher in meiner eigenen noch farbfrischen Vergangenheit, bewegte mich, halb Gespenst, halb Museumsgänger, durch mein Vorleben, logierte in denselben Häusern und Wohnungen, sah dieselben Menschen, mit denen ich ein halbes Leben lang zusammen gewesen war. Es war nicht mehr mein Leben, nicht einmal ein Leben. Es war nur ein Urlaub. Mein Leben war jetzt ein anderes. Alles war anders.

Ein echter deutscher Tourist war ich auch nicht. Ich sah sie in den Cafés am Hafen oder am Strand und beneidete fast ihre unüberbrückbare Distanz zu Land und Leuten. Diese Touristen sahen nicht, was ich sah, sie hörten nicht, was ich hörte. In beidseitig schlechtem Englisch redeten Portugiesen und Deutsche lächelnd aneinander vorbei und waren sich doch einig: Hier, trink den Wein, schien der Portugiese zu sagen, hier, nimm meine Münzen, war die Antwort des Deutschen. Tourismus ist ein Tauschgeschäft mit Dauerlächeln. »Ich habe ein paar Brocken Deutsch eingepaukt«, sagte mir und meiner Frau die Geschäftsführerin im kleinen Speiselokal Taska in Faro, »das zahlt sich aus, auch wenn ich nicht verstehe, was sie dann antworten.«

Ich war auch kein heimgekehrter Auswanderer oder Gastarbeiter, der nach zwei, drei Jahren wieder nach Portugal kommt und allen Verwandten seinen neuen Wohlstand und Wagen vorführt, wenn möglich mit einem Stern am Kühler, der ihn als erfolgreichen Menschen vor allen zurückgebliebenen Landsleuten auszeichnet. Der deutsche Stern am Auto bedeutet seit Jahrzehnten »Auslandprüfung bestanden«. Diese Gastarbeiter kamen in den 50ern und 60ern zu hunderttausenden nach Deutschland. Sie blieben, je nach Ausdauer, ein paar Jahre oder Jahrzehnte. Aber die meisten kehrten irgendwann zurück. Die jungen Auswanderer des 21. Jahrhunderts sind angeblich anders. Sie schicken viel weniger Geld zurück nach Hause, obwohl sie beruflich besser qualifiziert sind. Und sie suchen die Assimilierung, sie wollen in Deutschland heimisch werden. Die Zeit wird zeigen, ob es wirklich so ist.

Keine 20 Jahre nach dem Zweiten Weltkrieg wurde der einmillionste Gastarbeiter am Bahnhof Köln-Deutz vom Vorsitzenden des Arbeitgeberverbands der Metallindustrie feierlich empfangen. Er war weder ein Italiener noch ein Türke, sondern zufällig ein Portugiese. Ich weiß nicht, wie es möglich war, so genau über Einwanderungszahlen Buch zu führen, dass nach dem 999 999. der einmillionste Gastarbeiter am richtigen Gleis fahrplanmäßig empfangen werden konnte. Aber der deutschen Erfassungswut und Effizienz traue ich einiges zu. Auf jeden Fall erhielt er eine Urkunde und ein Gastgeschenk (ein neues Zündapp-Moped).

Das war im Jahre 1964, der Einwanderer war 38 Jahre alt, hieß Armando Sá und reiste nach den Feierlichkeiten mit einer Ehrenurkunde und einem Strauß Nelken weiter von Köln nach Schwaben. In dem Jahr hatte Deutschland mit Portugal, ähnlich wie in den vier vorangegangenen Jahren mit Spanien, Marokko und der Türkei, eine Vereinbarung über die Anwerbung und Vermittlung von Arbeitskräften abgeschlossen. Das Deutsche Wirtschaftswunder brauchte bis in die späten 60er ausländische Heizer im Maschinenraum, um das Tempo zu halten. Und so ist es auch heute wieder. Es heißt nur nicht mehr Wirtschaftswunder. Man sagt jetzt Exportweltmeister.

Der einmillionste Gastarbeiter, Herr Sá, hatte trotz des zweisitzigen Mopeds weniger Glück als ich: Er überzog seinen Portugal-Urlaub um einen Monat, verlor den ersten Job in Deutschland, musste gegen die deutsche Bürokratie und den deutschen Fiskus ankämpfen, die ihm die Steuervorteile als verheirateter Arbeitnehmer nicht anerkennen wollte, erlag schließlich nach Jahren mit chronischen Magenschmerzen einem Krebsleiden. Ich musste zwar auch nach meinem ersten Urlaub in Portugal zurück nach Schwaben, tat es aber pünktlich nach drei Wochen und habe bisher noch nicht einmal ein Magengeschwür.

Während des Urlaubs in Portugal fuhr ich mit meiner Frau und den beiden Kleinen in einem zehn Jahre alten Volkswagen Lupo, den meine Mutter als Zweitwagen auf der alten Orangenfarm hat. Die mitleidigen Blicke einiger Bekannten und Nachbarn entgingen mir nicht. Einige fragten direkt, warum wir ausgewandert seien. »Euch ging es doch gut hier«, mit der Betonung auf »Euch«. Ich bin als Familienvater ein langfristiger Planer geworden, wäre meine beste Antwort gewesen. Und als Familienstratege wollte ich vor allem eins: das Glück meiner Familie.

Der Autor eines Erfahrungsberichts hat – wie jeder Autor – das Privileg, die Schauplätze der Handlung seines Buches über geographische Grenzen hinweg nach Belieben wieder aufzusuchen. Er kann zurückliegende Ereignisse aus allen Seiten beleuchten, die Geschehnisse vor der Vergessenheit retten oder sie über Zeitbarrieren hinweg bis zu ihren wahrscheinlichen Ursachen zurückverfolgen. Er muss nur der Authentizität treu bleiben. Ebendas wird aber umso schwieriger, je öfter er mit einem Fernglas aus der Ferne beobachten muss. Für einen Erfahrungsbericht wie für so vieles im Leben gilt, was Robert Capa über die Fotografie sagte: »Wenn deine Bilder nicht gut genug sind, warst du nicht nah genug dran.« Nur eines kann der Autor eines Erfahrungsberichts, frei nach Chabannes de La Palice, nicht machen: in die Zukunft schauen.

Würden wir in Deutschland glücklich sein? War es richtig gewesen, nach mehr als zwei Jahrzehnten zurückzukehren? Oder hätte ich doch lieber nach Mosambik, Costa Rica, Brasilien oder Uruguay weiter auswandern sollen? Ob Deutschland die richtige Entscheidung gewesen ist, weiß ich auch heute nicht. Vielleicht sehnt man sich nach ein paar Jahren nicht mehr so zurück.

LISSABON, DEZEMBER 2013. Schon bei der Ankunft zu unserem ersten Familienurlaub macht sich das gewohnte Chaos breit. Wir brauchen ein Taxi für fünf Personen, für uns vier und meine Schwiegermutter, die Alexandra, die Mädchen und mich im letzten Monat in Deutschland besuchte.

Am Taxistand herrscht das übliche Durcheinander mit dem Unterschied, dass dort nun drei Polizisten versuchen, die öffentliche Ordnung zu halten und die Taxifahrer einzuschüchtern, die den Touristen mit erfundenen Sondergebühren den drei oder vierfachen Preis berechnen. Es ist der vorletzte Samstag vor Weihnachten, der

Verkehr auf der dreispurigen Schnellstraße Richtung Süden ist so zäh, dass wir in Richtung Costa da Caparica, wo meine Schwiegermutter lebt, 40 Minuten brauchen, nur um die zwei Kilometer lange Hängebrücke über den Tejo zu überqueren. Ich sitze vorne und habe viel Zeit, mich mit dem Taxifahrer zu unterhalten. Ich schätze erst, dass er um die 60 Jahre alt ist. Es stellt sich heraus, dass er jünger ist als die Tejo-Brücke, die 1966 fertiggestellt wurde. Taxi fahren in einer Großstadt wie Lissabon ist ein mörderischer Job.

Der Taxifahrer erzählt, dass er seit 16 Stunden unterwegs ist. »Das muss ich jetzt. Meine Frau hat bis letztes Jahr 1200 Euro pro Monat verdient, aber das Unternehmen hat Anfang des Jahres dichtgemacht.« Der Firmenchef blieb ihr 18 000 Euro an nicht gezahlten Gehältern und Abfindung schuldig, zahlte nicht, »lebte in Saus und Braus«. Ob er nicht das Arbeitsgericht eingeschaltet hat, will ich wissen. Er lacht und macht eine Pause. »Anwälte, Arbeitsgericht? Wie lange sind Sie nicht mehr im Land?«, fragt er mich.

Das sei etwas für Reiche. »Die Gerichte funktionieren nur für die«, sagt er und zeigt mit dem Zeigefinger Richtung Nachthimmel. Dann erzählt er mir im Detail, wie er sich das Geld vom ehemaligen Chef seiner Frau geholt hat. »Ich habe mir zwei Kollegen geschnappt. Wir sind frühmorgens zu ihm gefahren und haben ihn aus dem Bett geklingelt. Er wollte nicht aufmachen, und wir haben die Tür eingeschlagen. Dann habe ich ihm gesagt, dass er gern die Polizei holen kann. Mehr als für ein paar Stunden festnehmen würde sie mich nicht. Und dann würde ich wiederkommen. Er ist mit uns mitgekommen. Ich habe ihn vor der Bank rausgelassen, wo er allein reingegangen ist und die 18 000 Euro abgehoben hat.« Die nächste Revolution in Portugal wird nicht von unzufriedenen Armeeoffizieren organisiert werden wie die Nelkenrevolution 1974, sondern von erzürnten Taxifahrern.

Während die Kinder am nächsten Morgen mit meiner Frau und den Großeltern zum Einkaufszentrum Almada, eins von zehn Mega-Einkaufszentren in Lissabon, fuhren, um die vorzeitigen Weihnachtsgeschenke vom Opa entgegenzunehmen, blieb ich im

Haus meiner Schwiegermutter. Um zehn hatte ich zu Ende gefrühstückt. Vor dem täglichen Schreibpensum wollte ich nur noch einmal kurz ans Meer. Von der Wohnung bis zum Atlantik sind es 10 Minuten zu Fuß. Ich lief am Wasser entlang, Richtung Süden.

Der Sandstrand von Caparica ist fast 30 Kilometer lang, nach 30 Minuten unter der warmen Dezembersonne, bei strahlend blauem Himmel, war ich schon der einzige Erdbewohner. Die Wellen brachen laut, gewaltig schäumend, die Luft war so von Sauerstoff gesättigt, dass meine Trägheit verflog und ich mich euphorisch fühlte. Ich kannte diese Wirkung der Spaziergänge am Atlantik seit meiner Kindheit. Sie machen glücklich und sie machen süchtig, sehnsüchtig, wenn man fern ist. 90 Prozent unseres Körpers besteht aus Wasser, das Leben entstand im Wasser, die Erde ist der blaue Planet, nicht der grüne. Die Wälder und die Berge sind reizende Bilder, aber nichts geht über die blaue, belebende Wassermasse bis zum Horizont. Ich bin an der portugiesischen Südküste geboren neben der blauen Lagune der Ria Formosa. Ich bin ein atlantisches Wesen. Ich lief, die Füße im Sand und im weißen Meerschaum, die Sonne auf meiner Haut, die Schuhe an den Schnürsenkeln zusammengebunden über der Schulter. Der weiße Schaum, der sich an der Brandung bildete, war so fest, dass er sich in kleinen Stücken löste und wie kleine Wolken oder Schäfchen vom Wind über das Areal getragen wurde.

Am Abend brachen Alexandra und ich auf in das Nachtleben Lissabons, zu Chiado, dem historischen Zentrum. Im »100 Maneiras«, einem Esslokal, das ich vor allem wegen der ausgezeichneten Cocktails gehe, trifft sich ganz Lissabon. Ich sitze an der Theke und trinke hochachtungsvoll den perfekten Daiquiri, meine Frau nippt am ebensolchen Mojito. Schon am Eingang begrüße ich Jesus, ein Portugiese aus Goa, der ehemaligen portugiesischen Kolonialstadt an Indiens Westküste. Er ist der Chef des besten indischen Esslokals in Lissabon.

Die beiden Barkeeper sind vertraute Gesichter. Die beiden Freunde, mit denen wir verabredet sind, gesellen sich wenig später dazu. Da saßen wir nun, eine Gruppe Mittvierziger – bis auf Alexandra, die noch in den 30ern weilt –, unterhielten uns angeregt, wie es Freunde tun, die sich lange nicht gesehen haben, und tranken Cocktails. Plötzlich öffnete sich die Eingangstür und eine Frau um die 50 stürmte hinein, gefolgt von einer Truppe ebenso aufgeregter, modisch angezogener junger Menschen, die alle Einkaufstaschen trugen. Sie wedelte mit den Armen und sprach ohrenbetäubend laut.

Alexandra und ich schauten uns an. Es war die Chefredakteurin der Zeitschrift *Vogue* und ehemalige Chefin meiner Frau. Seit wir gekündigt hatten, waren die Stellen von sechs anderen Kollegen in unseren ehemaligen Radaktionen bei *GQ* und *Vogue* gestrichen worden und zwei andere Publikationen des Verlags – ein Fachmagazin und eine Zeitschrift für Innenarchitekten – eingestellt worden. Aber der Chefredakteurin schien es, der Anzahl ihrer Einkaufstaschen nach zu urteilen, weiterhin gut zu gehen. Leichtigkeit und Träume verkaufen sich in Krisenzeiten besser als ernste Themen und Bücher.

Xavier war der Verleger meines vor drei Jahren erschienenen Buches *Economista Acidental* (*Der Zufallsökonom*). Er war ein gebildeter Buchmensch, den die Krise erwischte. Er hatte einen der innovativsten Verlage der Iberischen Halbinsel mitbegründet, stieg dann aber 2010 aus und fing in dem von Paulo Pinto, einem ehemaligen Bankenchef gegründeten Großverlag an. Immer wenn ich in sein Büro kam, saß er hinter einem Bücherstapel oder hielt lose Manuskriptblätter fünf Zentimeter vor den Augen. Er war kurzsichtig, und am PC stellte er die Schrift auf Größe 28, um nicht zu weit nach vorne gebeugt sitzen zu müssen. An diesem Tag hatte ich mit ihm telefoniert, ich wollte wissen, wie es ihm geht. Er lebte von weniger als 600 Euro Arbeitslosengeld. In wenigen Monaten würde er die staatliche Unterstützung verlieren, aber die Raten seiner »Eigentumswohnung« hatte er noch für die nächsten zwei Jahrzehnte zu zahlen. »Wovon?«, fragte er mich. »Morgen sitze ich irgendwo auf der Straße, ich sehe es kommen.« Die Dramatik des Landes warf einen düsteren Schatten auf jeden noch so sonnigen und familiären Ferientag.

Es war der Vortag unserer Zugfahrt von Lissabon nach Faro, wo wir den Rest des Urlaubs verbringen wollten. Die Kinder freuten sich auf ihre erste Zugfahrt. Alex und ich freuten uns, sie vorher noch einmal bei der Großmutter lassen zu können und in die Stadt zu gehen, Menschen zu sehen und später zu Freunden nach Estoril zu fahren. Wir spazierten in unserer alten Wohngegend am Gulbenkian-Museum. »Merkst du es?«, sagte sie. »Die Luft. Die Stadt, sie riecht angenehm, lieblich.« Ich atmete ein, und trotz des Verkehrs roch es dank der atlantischen Brise nicht nach Abgasen. Es roch süßlich. Ich meinte den Grund zu kennen. Wir waren im Dezember, aber dennoch schienen die Palisander, die Jacarandás, an den Avenidas Lissabons ihren Duft in der milden Luft zu verbreiten.

Alle Ecken unseres alten Kiez' erweckten glückliche Erinnerungen. Der Weg, den wir zwei Jahre lang jeden Morgen zu viert von der Wohnung zum Kindergarten gelaufen waren. Der japanisch anmutende Garten, in dem Maria und Sofia mit den Nachbarskindern spielten. Die Lokale links und rechts von unserem ehemaligen Hauseingang mit vielen Tischen draußen, an denen bis spät in den Abend hinein Leute saßen, sich laut unterhielten, lachten und tranken. Der kleine Balkon unserer Wohnung, in der jetzt andere Menschen lebten, wo wir so viele Abende auf Baumwipfelhöhe, mitten im Blattwerk Zukunftspläne geschmiedet hatten. Erzähl Gott nicht deine Pläne, es sei denn, du willst ihn zum Lachen bringen. Ich weiß nicht, ob es ihn oder sie in irgendeiner Form gibt. Aber irgendjemand hat sicherlich gelacht.

Den Abend verbrachten wir bei Freunden, die wie verarmte Aristokraten in ihrer romantischen alten Villa am Meer lebten. Die Hauptthemen waren die ideale Salzmenge pro Kilogramm Fisch für die Zubereitung eines unter einer kompakten Salzkruste im

Ofen gebackenen Wolfsbarsches und die geheim gehaltenen Selbstmordstatistiken des Landes. Am Tag danach hatten wir den normalen Ferienstress, den Zug in Richtung Algarve nicht zu verpassen – es war nicht leicht, mit vier Koffern und zwei Kindern, Erstere bewegten sich kaum, Letztere rannten in alle Richtungen gleichzeitig.

Nach den Tagen in Lissabon war die Rückkehr nach Faro, 280 Kilometer weiter südlich, genauso, wie ich es mir erträumt hatte, aber leider auch ganz anders. Das Land mit den Johannisbrot-, Mandel-, Oliven-, Orangen- und Zitronenbäumen nahm mich ein. Doch meine alte Familie gab es nicht mehr.

Familien zerfallen während einer schweren Finanzkrise schneller, manche in aller Öffentlichkeit. Die Zeitungen sind in den letzten Jahren voll von den Geschichten verlassener Kinder und Großeltern, geschlagener Frauen oder Mord und Totschlag unter Brüdern wegen ein paar Euro. Die Lissabonner Bankiersfamilie Espírito Santo (der Familienname bedeutet »Heiliger Geist« und wurde ursprünglich an ausgesetzte Kinder vergeben – wenn sie die Prozeduren der als »Engelsmacher« bekannten Kinderhäuser überlebten), vormals eine der mächtigsten des Landes, streitet und zerfleischt sich seit Monaten in allen Medien. Ein Vorstandsmitglied der alten Familienbank sagte mir: »Bald gehen sie mit Messern aufeinander los.« Bei ihnen geht es auch um mehr als eine Handvoll Euro.

Früher hätte eine Finanzkrise die Familienstrukturen von reich und arm eher gefestigt. Man rückte näher zusammen, nahm Verwandte bei sich zu Hause auf. Iberische Soziologen schreiben noch heute von »archaischen Familientraditionen«, die noch bis vor kurzem die Konsequenzen der wirtschaftlichen und sozialen Krisen abfederten. Familien teilten, was sie hatten. Aber nach der Revolution vor 40 Jahren hat der Staat erst massiv Illusionen auf »universelle Rechte«, Unterkunft, Ausbildung, Arbeit, Sozialhilfe usw. geschaffen, die es erlaubten, die eigene Tür vor der Not der anderen zu verschließen. Dann kamen die 80er-, 90er- und Nuller-Jahre, in denen der Sozialegoismus langsam zur Individualreligion wurde. Gleichzeitig zogen immer mehr Spanier und Portugiesen in die Städte und lösten sich von ihren Großfamilien.

Das Stadthaus meiner Urgroßeltern in Faro war schon vor langer Zeit verkauft worden und ist heute das Landesstudio Algarve des Staatssenders RTP. Meine Großmutter (halb Schwäbin) lebt zwar noch in ihrem »Häusle mit Garten« in der Innenstadt von Faro und ist selbstständig und geistig fit, doch die Großfamilienstruktur fing nach dem Tode meines Großvaters an zu zerbröckeln. Es war erst ein sehr langsamer Erosionsprozess, der möglicherweise von der Krise beschleunigt wurde. Er wurde mir erst in diesem ersten Urlaub als neudeutscher Familienvater in meiner alten Heimat bewusst. Wahrscheinlich weil eine patriarchalische oder matriarchalische Figur fehlt – meine Großmutter zu alt, ihre Kinder zu egoistisch und zu sehr auf ihr eigenes Leben fixiert, meine Cousins, meine Geschwister und ich zu verstreut, zu desinteressiert. Oder vielleicht sind wir einfach alle zu deutsch.

Portugal konnte in der Vergangenheit dank archaischer Familienstrukturen vielen Krisen trotzen. Die Familien hielten zusammen. Doch zwei Jahrzehnte Wildwest-Kapitalismus hatten die Traditionen aus den Verankerungen gehoben. Der Durchschnittsportugiese arbeitete im Handel oder in Dienstleistungen und fast alle Wochenenden durch, weil die Öffnungszeiten liberalisiert worden waren. Mutter und Vater sahen die Kinder kaum, da auch in den Hochkonjunkturzeiten die Gehälter sehr niedrig waren und beide Ehepartner ganztägig arbeiten mussten. Es kostete eben Geld, ein oder zwei Autos zu haben, jeden Tag in verschiedene Richtungen zur Arbeit zu fahren, die Raten für die Wohnung zu zahlen. Es war eine Gymnastik, die jeder machte, denn die Zukunft sollte für alle besser werden. Es kam anders. Zu meiner Überraschung sehe ich, dass Deutschland heute einen ähnlichen Weg geht wie die südeuropäischen Krisenländer vor 15 Jahren: niedrige Löhne, immer längere Öffnungs- und Arbeitszeiten, immer unqualifiziertere Jobs für die Masse der Konsumenten, vormals Bürger genannt.

Allen Rentnern und Pensionären in Spanien und Portugal steht die Angst ins Gesicht geschrieben. Meiner Schwiegermutter, die ihr Leben lang als Krankenschwester harte Knochenarbeit geleistet hatte, wurde die Rente in zwei Jahren um fast die Hälfte auf knapp 1000 Euro gekürzt, gleichzeitig stiegen die Preise wegen der immer höher geschraubten Mehrwertsteuer.

Die Armut und die steilen Lohneinbußen der Menschen um mich herum schien mir, nun unfreiwilliger Tourist in meinem eigenen Land, nicht das Schlimmste an der Krise zu sein. Mindestens genauso schlimm wie die graduelle Verarmung war die offensichtliche Furcht vor dieser Verarmung. Sie schaffte Hoffnungslosigkeit und morbide Resignation. Wir staunten über die menschlichen Aspekte der Krise, die in ihrer Essenz unmenschlich war. Mein Cousin Bernardo hatte ein Burnout gehabt. Die Furcht, als Lehrer »freigestellt« zu werden, raubte ihm den Schlaf. Seine Frau, Raquel, war Erzieherin in einem Kindergarten in Albufeira, einer Touristenhochburg an der Algarve gewesen, bevor ihre Stelle eingespart wurde. In den meisten Familien war ein Elternteil arbeitslos. Also wurden auch die Kindergärten leerer.

Auch unser Freund Joel, ein angesehener Architekt, hatte ein Burnout gehabt. Sein abgemagertes Architektenbüro zu leiten, ständig Mitarbeiter entlassen zu müssen und gleichzeitig an der Technischen Universität zu dozieren, war ihm irgendwann zu viel geworden. »Ich klappte zusammen wie ein Schnappmesser«, sagte er mir. Das Burnout-Syndrom ist das, woran die Menschen in den südeuropäischen Krisenländern, die noch eine Arbeit haben, kollektiv leiden. Wegen der Personaleinsparungen und der Auswanderung müssen alle, ob Pflegepersonal oder Lehrer, viel mehr arbeiten als vor der Krise. Aber egal wie viel sie arbeiten, die Löhne sinken, die Schulden wachsen, und die Menschen verlieren die Kontrolle über ihr Leben.

Jeder versucht, über die Runden zu kommen. Am schwierigsten ist es eigentlich nicht für die, die gehen und im Ausland neu anfangen. Sondern für die, die ihre Stellung zu verteidigen versuchen.

Sie müssen zusehen, dass sie unter der emotionalen Erschöpfung nicht zerbrechen. Sie müssen resistent sein und ihre Leistungsfähigkeit steigern.

Als ich in Portugal während meines Urlaubs die Menschen um mich herum sah, das Unglück, das viele mit einem Lächeln, andere mit einem Sprung ins Leere zu bezwingen versuchten, dachte ich an die Worte des neuen Papstes: »Diese Wirtschaft tötet.« Ich gehe schon seit Jahrzehnten nicht mehr in eine Kirche. Meine Lebensphase als Messdiener in der Paulus-Kirche in Bochum Querenburg und gläubiger Christ hatte ich mit zwölf Jahren abgeschlossen. Franziskus bezog sich auf die Entwicklung der Märkte, vor allem der Finanzmärkte seit Mitte der 80er, seit den Reaganomics und dem Thatcherismus. Der Staat wurde dabei genauso ausgehöhlt wie traditionelle Familienwerte oder der Sonntag. Das sagte der Papst, und ich wurde deswegen nicht wieder gläubig. Aber es berührte mich tief. Genauso berühren mich seit Jahren die Warnungen eines Krugmanns oder Stieglitz', um nur zwei Päpste der Wirtschaftswissenschaften zu zitieren, die praktisch dasselbe sagten wie der Heilige Vater im Vatikan, dabei aber ihren Ehefrauen gleiche Rechte einräumen.

Als Familienstratege wollte ich das Glück meiner Familie. Und eins war sicher: Deutschland hatte der zügellosen Marktliberalisierung besser standgehalten als die südeuropäischen Länder. In Spanien und Portugal gab es nur noch einen Niedriglohnsektor und großflächige Arbeitslosigkeit. Dafür waren sonntags alle Einkaufszentren bis 23 Uhr offen. Riesige Einkaufszentren in jeder südeuropäischen Stadt öffnen täglich, sieben Tage pro Woche und bieten alles an, was der zum Kassenkunden degradierte Bürger sich wünschen konnte: Karotten oder Hackfleisch, Krawatten oder Windeln, Smartphones oder Staubsauger, Versicherungsverträge oder Ferien in der Karibik.

Wie hat man früher nur in Spanien und Portugal leben können, als die Einkäufe in der Nachbarschaft von montags bis freitags vor 19 Uhr erledigt werden mussten? Wie unglücklich müssen die

Menschen damals gewesen sein, als der Sonntag noch ohne Kreditkarten zelebriert wurde und die Familien einmal in der Woche einen ganzen Tag zu Hause oder in der Natur zusammen verbrachten?

Irgendetwas ist richtig schiefgelaufen. Die klimatisierten Gänge der Einkaufszentren sind zwar voll, aber die Geschäfte bleiben leer. Weihnachten 2013 schauten sich die Menschen die prallen Schaufenster an, aber nur wenige kauften ein. Wer noch konnte, bestellte an einer der vielen Plastikschalter der Einkaufszentren, die durchgehend Fastfood verkauften – schnelle, fette, zuckerhaltige in Einzelportionen abgepackte Nahrung.

Mitte der 90er kam Lidl nach Portugal. Damals kannte ich die erste Geschäftsführerin, eine Portugiesin, und konnte über die bevorstehende deutsche Investition im *Semanário Económico* schreiben. In der Wirtschaftszeitung, in der ich das Handwerk des Journalisten lernte, schrieb ich wenig später, dass auch Aldi den portugiesischen Markt erschließen wollte. Die reichsten Portugiesen, Belmiro Azevedo und Alexandre Santos, bäumten sich auf, wehrten sich dagegen (Aldi musste deswegen ein paar Jahre länger warten). Die beiden Männer besitzen bis heute die zwei größten Lebensmittelketten des Landes und sind so zu Milliardären geworden. 20 Jahre lang haben sie mit ihren Supermärkten und »Hipermercados« die kleinen Lebensmittelläden verdrängt, die es an jeder Ecke gab. Die neue Konkurrenz aus Deutschland schätzten sie nicht.

Dort, wo die kleinen, familiären Lebensmittelgeschäfte in den 90ern aus dem Stadtbild verdrängt wurden, öffneten meistens kleine Bankfilialen. Sie brachten massenweise die Kredite und riskanten Finanzprodukte unter das Volk. Seit Anfang der Krise werden tausende junge Bankangestellte entlassen, die Banken schlossen ihre kleinen Zweigstellen wieder (»Die Metastasen verschwinden«, las ich neulich im Post einer Bekannten).

Die kleinen Geschäftsflächen, wo vormals die Tante-Emma-Läden und dann die Bankfilialen waren, bleiben jetzt krisenbedingt leer, wenn sie nicht kurzweilig als eine Art »Ich-AG« öffnen, mit der ein neuer Arbeitsloser seine Abfindung verpulvert, bevor die kleinen »Gourmet«- oder Nähläden wieder geschlossen werden. Wir sind nicht die Einzigen gewesen, die vor der Flucht ins Ausland versucht haben, sich eine selbstständige Existenz aufzubauen.

Heute profitieren die deutschen Harddiscounter am meisten von der Krise. Trotz der Armut fallen mir immer mehr dicke Menschen, vor allem Kinder, im Straßenbild auf. Eine gesunde Ernährung mit frischem Fisch, grünem Gemüse, reifen Tomaten und Obst ist für die meisten Erwachsenen unerschwinglich geworden. Tiefkühlpizza, Kartoffelchips, Industrieschwein und gezuckerte Getränke aus dem Harddiscounter sind die billigere Lösung. Adieu, mediterrane Diät. Über 30 Prozent der arbeitswilligen und arbeitsfähigen portugiesischen Arbeitnehmer sind wegen der Krise arbeitslos, und unter der jungen Bevölkerung wird der Anteil auf 50 Prozent geschätzt.

Die einzigen neuen Geschäfte, die nach Ausbruch der Krise Erfolg haben, sind jetzt die kleinen Goldhändler, die Altgold kaufen. Bis 2003 gab es wenig mehr als ein Dutzend in ganz Portugal, heute sind es über 5000. Viele Portugiesen der Mittelschicht verkaufen, um zu überleben, Monat für Monat das Gold, das seit Generationen in der Familie war. Wenn Portugiesen mitten in einer Krise ihrem schwach ausgeprägten Optimismus Ausdruck verleihen wollen, sagen sie: »Die Ringe sind weg, die Finger sind noch da.«

Im Schulzentrum an der Algarve herrschte trotz der Weihnachtsferien in der Mittagszeit Hochbetrieb. Als Urlauber sah ich die Kinder, die durch das Tor Richtung Schulgebäude gingen. Zuerst dachte ich, es gäbe eine Weihnachtsfeier. Dann erklärte es mir eine befreundete Lehrerin: »Armenspeisung für die Kinder.« In derselben Woche, zwischen Weihnachten und Neujahr, berichten die größten Zeitungen auf der ersten Seite über zwei Themen: die zehntausenden Kinder, die nur noch in den kostenlosen Schulkantinen warme Mahlzeiten bekommen (eine Zeitung spricht von »über 30 000 Kindern«), und die telefonische Beratung »SOS

Selbstmord«, die Rekordzahlen registriert und viele Anrufe nicht mehr entgegennehmen kann. Die Sparpolitik in Portugal und Spanien hat Kosten, die man »Lebenshaltungskosten« nennen könnte: Viele Menschen können ihr Leben nicht mehr halten, sterben, bringen sich um oder fliehen.

Für Reportagen für den Österreichischen Rundfunk, n-tv oder das portugiesische Fernsehen war ich oft im Norden Portugals, wo sich früher die Textilindustrie konzentrierte. Nach der vierten Exkursion in Städte wie Guimarães, der Wiege des Landes, wo Portugals erste Könige vor 800 Jahren residierten, Felgueiras und Porto kannte ich viele Familien. Einige empfingen mich wie einen alten Freund. Viele dieser Familien überlebten nur noch, weil die Kinder jeden Tag arbeiteten. Mit acht, neun Jahren fingen sie an. Die Kinder saßen mit den Erwachsenen in einem Schuppen, unter einem Vordach, um einen Ofen herum, unterhielten sich miteinander und nähten Schuhteile zusammen, die sie aus Säcken nahmen, die täglich von Mittelsmännern aus den modernen Fabriken der Umgebung angeliefert wurden. Viele der Marken gibt es auch in deutschen Schuhläden. Wenn ich irgendwo »Handgenäht« lese, sehe ich flinke Kinderhände vor mir, die mit einem angestrengten Ruck die Nadel mit der Schnur aus dem Schuh in die Luft ziehen. »Man muss aufpassen, dass man dem Nebenmann nicht die Nadel ins Auge sticht«, sagte Jorge, und in seinem Fall ist der Nebenmann seine neunjährige Schwester Anabela.

SILVESTER 2013. In der Nähe unserer Ferienwohnung, auf dem 300 Meter langen Kai zum kleinen Leuchtturm der Praia da Rocha (links der Fluss Arade, der hier in den Atlantik strömt, rechts das Meer), konnten wir auf halber Streck abends auf einmal nicht weiter. Ein Sicherheitsmann stand vor einer Gitterabsperrung und sagte: »Hier geht´s heute nicht weiter, da vorne ist schon das Feuerwerk für heute Nacht. Viel ist es diesmal nicht, mehr als ein oder zwei Minuten werden es nicht. Die Krise, Sie wissen ja, Aber irgendwann knallt es ganz gewaltig, wenn es so weitergeht.« Nicht einmal am Meer konnte ich die Krise abschütteln. Schon vorher hatte ich bemerkt, dass das alte pittoreske Postamt, in einer winzigen Villa am Felsen über dem Atlantik, geschlossen war. Die drei Angestellten, die ich seit Jahren kannte, waren jetzt wahrscheinliche Neuzugänge der nationalen Arbeitslosenstatistiken, irgendwo mit drin in der Zahl rechts vom Komma.

Auf dem Rückweg am Kai kam mir das Meer auf einmal bedrohlich vor, die Wellen schlugen hoch gegen die Steine, wenige Sterne leuchteten in der mondlosen Nacht. Ich wusste, warum der Atlantik auf einmal gefährlicherer klang. Seit einer Mumps-Erkrankung als Kind bin ich taub auf einem Ohr, und nur auf dem Rückweg hatte ich mein gutes Ohr auf der dem Meer zugewandten Seite. So ist es mit Drohungen und Gefahren, man muss schon hinhören, um sie wahrzunehmen. Wer nur die Tagesschau sieht und am Pool liegt, wird kaum verstehen, was sich in Südeuropa zusammenbraut.

Der kleine Lebensmittelladen neben unserer Haustür dagegen hatte wieder geöffnet. Kurz bevor wir nach Deutschland gefahren waren, starb der Vorbesitzer. Senhor Romão stand früher jeden Tag vor dem kleinen Geschäft, in dem niemand etwas einkaufte, weil er nicht so billig verkaufen konnte wie die großen Supermärkte und nicht so lange Öffnungszeiten hatte. Außer dem kleinen Laden hatte der alte Mann nichts, er sorgte sich, rauchte vor der Tür eine Zigarette nach der anderen, dann starb er, kurz bevor wir nach Deutschland zogen. Mir fielen viele Namen von Freunden, Bekannten, Nachbarn und Verwandten ein, die versucht hatten, sich selbstständig zu machen, weil es keine Arbeit gab. Anfänglich waren sie immer voller Mut, schwammen tapfer gegen den Strom. Irgendwann ließ die Kraft nach. Dann ließen sie sich treiben. Und die Geschäfte, die Ideen und Träume verschwanden, wo sie hergekommen waren, in den Köpfen der Menschen.

Neben unserer Eingangstür in dem neu eröffneten Lebensmittelladen versuchten es nun Einwanderer aus Moldawien. Es gibt ja immer Länder und Menschen, denen es schlimmer geht als uns selbst. Das hebt die Moral. Und was sollten sich Deutsche um Spanier und Portugiesen kümmern, wo es in der Ukraine, Albanien und im Sudan so viel mehr menschliches Leid gibt? Ich bin sehr froh, durch und durch West- und Mitteleuropäer zu sein: Von der Algarve bis Österreich – über Böhmen, Katalonien und Schwaben – bin ich abstammungstechnisch fest in der Europäischen Union verankert. Ich wäre ungern mit meiner Familie in einem Asylantenheim. Bei meinem Hang zum schlechten Timing wäre es vielleicht eins der 58, auf die letztes Jahr in Deutschland Anschläge verübt und registriert wurden – mehr als eine Verdoppelung gegenüber dem Vorjahr.

»Europa war doch etwas anderes«, sagte mein Cousin Bernardo, während seine Frau Raquel in der Küche das Themomix-Wunder vorführt. Er trank noch einen kleinen Schluck des guten Weins aus dem Alentejo, den meine Mutter für Silvester mitgebracht hat. Er ist Lehrer, hat einen Master gemacht, war im Schulvorstand. Seine Frau ist Erzieherin und arbeitslos. »Europa war doch Solidarität. Warum unterstützten sie uns nicht in dieser Krise?« Ich schaue ihn an und frage mich, ob er noch nüchtern ist. »Ich verdiene jetzt 40 Prozent weniger als vor zwei Jahren«, sagt er.

Weil ich zu gerne koche, als dass ich mir einen Küchenroboter und respektive Vorführung antun möchte, sitze ich mit meinem Cousin im Wohnzimmer. Ist Bernardo wirklich so naiv? Europa lässt seit Jahren Einwanderer vor seinen Küsten sterben. Ich habe zuerst »vor seinen Küsten krepieren« geschrieben, nicht wegen der Alliteration, sondern weil es mich schockiert. Weil ich zehn Jahre lang während meiner regelmäßigen Marokko-Aufenthalte die Menschen an der Grenze gesehen habe, die versuchten, sich unter den Lkw an den Achsen festzuhalten, um ihrem Elend zu entkommen, die von Sicherheitsleuten mit Tritten verscheucht wurden – aber ich versuche Distanz zu halten. Es gibt ja immer Menschen, denen es schlechter geht irgendwo auf der Welt. Wen kümmern die 40 Prozent, die mein Cousin jetzt weniger verdient, sein Burnout-Syndrom, der Job, den seine Frau nicht mehr hat, die Kinder, die nicht in den Kindergarten gehen, die kleinen Postämter am Meer, die es nicht mehr gibt, und die Menschen, die Schluss machen?

In einem meiner Lieblingscafés am Strand von Portimão ist es noch kalt. Es ist der erste Tag des neuen Jahres 2014. Das Café ist fast leer. Noch eine Woche und mein erster Urlaub in Portugal ist zu Ende. Auf der Fensterbank nur ein Stoß alter Zeitungen. Ein Foto von Manuel Sobrinho Simões, einem der bekanntesten Mediziner und Wissenschaftler Portugals, lenkt meine Aufmerksamkeit auf ein Interview. Ich überfliege es. Sobrinho beantwortet die Frage nach den Kosten der Sparpolitik aus Brüssel und Berlin: »Wir haben viele Leute verloren. Und wir haben die Hoffnung verloren. In der Wissenschaft haben unsere jungen Leute trotz allem noch die Fähigkeit, eine Stelle zu finden im Ausland, aber sie verlassen das Land sehr verletzt und werden kaum zurückkehren wollen.« Ich schaue mir das Datum an. Die Zeitung ist schon sechs Wochen alt. Vielleicht wird 2014 etwas besser. Eine Raucherstimme vom Tresen, ein alter Mann steht dort und trinkt einen Schnaps, holt mich harsch zurück. »Deutsche wollen aus unserem Elend noch Gold machen.« Wahrscheinlich wird nichts besser.

HEIDENHEIM, 3. MÄRZ 2014. Drei Monate waren seit unserem ersten Urlaub in Portugal vergangen. Frühmorgens rief mich meine Tochter Sofia in ihr Zimmer. Sie saß auf ihrem Bett und sagte: »Pai, ich möchte wieder nach Portimão.« Warum, wollte ich wissen. »Weil der Fisch dort besser schmeckt.« Ich versprach ihr, dass wir bald in der Brenz zusammen Forellen angeln würden.

KAPITEL 13

Die Grenzgänger

BOCHUM, 1978. Der alte Mann mit großer Glatze und sehr spärlichem Haarkranz saß vor mir auf einem niedrigen Sofa, das Schachbrett zwischen uns auf Kniehöhe aufgestellt. Er zog seinen Läufer, der von mir – ich war 11 oder 12 Jahre alt – unbemerkt in der Ferne auf seinen Einsatz gewartet hatte, quer über das Spielfeld, der Springer, der den Läufer schützte, war unscheinbar am Rande platziert, und mein Onkel sagte gut gelaunt »schachmatt«.

Als Kind musste ich, wenn mein Vater keine Zeit oder mein älterer Bruder keine Lust mehr hatten, mit meinem Onkel Otto Siwy, der aus München zu Besuch kam, Schach spielen. Onkel Otto war sehr alt, aß viel und hatte einen großen Bauch (sein übermäßiger Appetit war eine Folge des Hungers in der Kriegsgefangenschaft in einem amerikanischen Lager, sagte er). Otto war wie seine ältere Schwester, meine Großmutter, in Pilsen geboren und in Karwin aufgewachsen, wo mein Urgroßvater Siwy Bergbauingenieur im Kohlebergwerk des Grafen Larisch von Moennich war.

Mit Sätzen, die sich in unregelmäßigen Abständen wiederholten, »Rössel am Rand bringt Unglück und Schand« (das sagte er umso öfter, je strategischer die Position eines seiner Pferde war), »der ist nicht von schlechten Eltern« oder »Ich heiße nicht wie Sie, ich heiße Siwy«, strapazierte er jahrelang meine Nerven während der Schachspiele. Irgendwann hatte ich keine Lust mehr. Ich warf kurz vor meiner nächsten Niederlage das Schachbrett um und stürzte alle Figuren und seine Ambitionen, aus mir einen Schachspieler zu machen, zu Boden. Ich musste nie wieder mit ihm spielen.

Es gibt Gespräche, die ich schon so oft geführt habe, dass sie meistens nach demselben Muster ablaufen wie die Eröffnungen beim Schach. Und keine Diskussion musste ich in den letzten Jahren so oft führen wie die über »die Krise«. Argumente, Beispiele und Gegenargumente formieren sich nach einem Schema wie Spielfiguren auf dem Brett. Aber anders als beim Schach hält sich der Gegner nicht an Regeln, und die meisten Menschen schaffen es, aus ihrer verzerrten Wahrnehmung ein für sie stimmiges Weltbild zu zimmern, solide genug, um sich durch nichts stürzen zu lassen, schon gar nicht durch Fakten.

Man kann aus einer Krise etwas lernen, sie aussitzen, sich aufgeben, tapfer in die Schlacht ziehen – auch wenn sie im Voraus verloren ist – oder die Krise mit einem Umsturz oder Regelbruch beenden.

Portugiesen reden oft durcheinander und fallen einander ins Wort. Mein schachspielender Großonkel Otto kam uns bis 1975 oft in Portugal besuchen – später dann in Bochum. Ein paar Mal fragte er meinen Vater, als er hörte, wie die Menschen sich in Lissabon von den Balkonen über den engen Gassen gegenseitig anschrien: »Warum streiten sie sich?« Die Erklärung, dass sich die Menschen nur unterhielten, konnte er nicht begreifen und schüttelte den Kopf. Deutsche und Südeuropäer haben Kommunikationsformen, die so gegensätzlich sind wie die der Hunde und Katzen, wenn diese mit dem Schwanz wedeln, knurren oder schnurren.

In dieser Krise gibt es keine vorgegebenen Spielregeln wie beim Schach. Alle Akteure haben unverantwortlich gehandelt, und jederzeit können plötzlich Bretter und Figuren durch die Luft fliegen. In der deutschen Politik für die Krisenländer Portugal, Spanien und Griechenland gibt es zwei halbwegs positive Szenarien: Man schiebt den Bankrott dieser Länder konsequent auf und besteht auf der Illusion, dass die Staaten Südeuropas ihre Schulden eines Tages zurückzahlen werden. In diesem ersten Szenario werden die negativen Sparzinsen und die Deflation langfristig an

Deutschland zehren und die Schulden in den Krisenländern immer weiter wachsen.

Im zweiten Szenario rafft sich Berlin zu einem »Hair Cut«, einem Schuldenschnitt auf, zum Beispiel durch eine Schuldenkonferenz, ähnlich der 1952 in London, die es Deutschland erlaubte, einen Großteil seiner Auslandsschulden abzuschütteln und sich wieder hochzuhieven. In diesem Fall wären die Kosten wahrscheinlich überschaubarer.

Die negativen Szenarien sind die Erosion der EU bis zu ihrem Auseinanderbrechen, der letale Absturz der südeuropäischen Länder und die Radikalisierung der erst vor wenigen Jahrzehnten politisch stabilisierten Länder Portugal, Spanien und Griechenland.

Portugal zelebrierte dieses Jahr sehr kleinlaut die 40 Jahre seiner Nelkenrevolution. Überall im Lande werden Stimmen laut, die sagen, dass diese Demokratie, die von den Parteien und Eliten manipuliert und instrumentalisiert wurde, den Menschen nichts gebracht habe. Es ist eine Verzerrung der Realität und gefährliche Stimmung, die jeden Tag mit neuen Nachrichten und Fakten angefeuert wird – bei Abschluss dieses Buches lese ich, dass die Unterstützung für behinderte und schwerbehinderte Kinder gestrichen wurde, während der Vorstandsvorsitzende einer Bank, die Milliarden verpulvert hat, von jeglicher Verantwortung freigesprochen wurde. Die wirtschaftliche Situation ist heute viel schlimmer als zu Anfang der Krise, die Staatsschulden und Arbeitslosigkeit sind unkontrolliert gestiegen. Die Krisenländer höhlen in ihrem Überlebenskampf systematisch ihre eigenen Verfassungen und Gesetze aus und drohen als Staaten zu scheitern.

In der westlichen Welt ist Portugal nach einer Gallup-Umfrage das Land, in dem die Menschen am unglücklichsten sind. Im Land bricht die Grundversorgung zusammen, und Portugal landete in dieser Umfrage auf dem letzten Platz einer Liste von 55 Ländern. Das ist nicht unbedingt eine Überraschung, überraschend wäre es, wenn Brüssel und Berlin sich zu einem wirklichen Hilfsprogramm aufraffen würden, diesmal an die Menschen direkt gerichtet.

Das Streben nach Glück ist mehr als eine Floskel, die sich von der amerikanischen bis zur vietnamesischen Verfassung wiederholt. Wie Menschen ihr Glück erreichen, bleibt jeder Kultur überlassen. Für Amerikaner ist es vielleicht eine Farm und ein Schrank voller Feuerwaffen, für Vietnamesen ein eigenes Reisfeld, für Portugiesen ein großes Gelage und ein melancholisches Lied, für Deutsche das Eigenheim und ein VW-Golf. Aber auf dem Weg, ihr Glück zu erobern, müssen Menschen frei von Schulden sein oder eine absehbare Möglichkeit haben, sich von ihnen zu befreien. Die deutsche Doktrin zur Finanzkrise scheint aus den Schulden Südeuropas eine Art Erbsünde machen zu wollen.

Als ich mich im Januar 2014 nach meinem ersten Portugalurlaub von meiner Großmutter verabschiedete, winkte ich ihr wie immer nach. Auch Alex und unsere Töchter winkten. Meine Großmutter stand am Tor vor dem Garten ihres weißen, alten Hauses. Sie schaute uns nach, zerbrechlich, lächelnd. Ich weiß nicht, ob ich sie wiedersehen werde. Der Abschied erinnerte mich an die erste Reise, die ich von Portugal nach Deutschland machte vor mehr als 40 Jahren.

Als ich mit sechs Jahren das erste Mal als Tourist nach Deutschland kam – wir machten Urlaub und besuchten Verwandte in der DDR –, reisten wir zu siebt, meine Eltern und wir fünf Kinder, im Zug. In Deutschland angekommen, schaute ich aus dem Zugfenster und staunte über die vielen bunten Autos. In Portugal waren alle Autos in den 70ern entweder weiß oder schwarz. In Deutschland waren sie smaragdgrün, draculablau, quietschgelb und feuerrot. Im Gegensatz zu den Autos sahen alle Menschen in den 70ern in Deutschland in meinen Augen gleich aus, sie hatten entweder gelbe Regenjacken oder grüne Parkas an. Dann mietete mein Vater ein Auto in Hannover, und wir fuhren weiter nach Berlin, Halle an der Saale und Torgau.

BERLIN, NOVEMBER 2013. Ich bin zum 50. Geburtstag meines Bruders in Berlin und staune über die vielen Individualisten auf dem so originellen Prenzlauer Berg in Berlin. Mit ihren Umhängetaschen, Tüchern, Frisuren und Schmuck sehen sie alle so gleich aus, als hätten sie eine Uniform an. Vor einer Bodega in Madrid oder Tasca in Lissabon sehe ich mehr menschliche Vielfalt als auf dem gesamten Marktplatz des Kollwitzplatzes.

In meiner Wahrnehmung sind Portugiesen Individualisten. In Portugal versucht jeder für sich das System um ihn herum zu boykottieren. In Deutschland denken die meisten Menschen im Kollektiv und organisieren sich in Vereinen, Chören und Bürgerinitiativen (ein spanischer Freund erzählte mir den Witz: Was machen drei Deutsche, wenn sie sich treffen? Sie gründen einen Verein). Das macht die Deutschen effizienter, aber die Südländer oft sympathischer. Beide müssen voneinander lernen, wenn die EU langfristig bestehen soll. Deutsche müssen etwas toleranter werden und Portugiesen um einiges rigoroser.

In Deutschland nehmen schillernde Gestalten mit zu viel individueller und krimineller Energie (man muss in Deutschland nicht groß unterscheiden, beides sind hier Attentate gegen das Allgemeinwohl) meistens ein unrühmliches Ende. In Portugal dagegen reicht es nicht aus, individuell zu sein, um Erfolg zu haben. Das ist schließlich jeder. Um Erfolg zu haben, muss ein Portugiese ein paar Mal am Tag kriminell agieren – und sei es, um den zuständigen Beamten oder einen Abgeordneten zu bestechen. Deutsche sollten ihren Nachbarn etwas mehr Spielraum geben und nicht so oft ihre Rechtsschutzversicherungen anrufen. Portugiesen dagegen brauchen dringend einen funktionierenden Justizapparat.

Portugiesen gönnen ihrem Nächsten nie den Erfolg. Sie sind bereit, alles zu tun, um den nach Erfolg Strebenden auf die Strecke zu bringen. Wenn ein Deutscher einen reichen, erfolgreichen Nachbarn sieht, beneidet er ihn, denkt, so möchte er auch leben, und arbeitet umso mehr. Der Portugiese beneidet den erfolgreichen Nachbarn auch, denkt aber »warte nur, du wirst noch so enden wie ich«. Deutsche sollten etwas weniger an Leistung denken. Portugiesen sollten das Gegenteil tun.

In Lissabon fuhr ich Anfang der 90er einen alten, grauen Peugeot-Kombi und parkte ihn überall mit weit offener Heckklappe, um den Eindruck zu erwecken, der Wagen würde gerade be- oder entladen. Hinten im Auto hatte ich einen großen, leeren Karton, um die Inszenierung zu verstärken. Ich parkte auf dem Bürgersteig oder irgendwo in zweiter Reihe – einen Strafzettel bekam ich nie (nur ein paar Mal klaute mir jemand den leeren Karton). Das nennt man »chico-espertismo« auf Portugiesisch. Es handelt sich um eine Charakteristik der Portugiesen, die man als »kollektive Schlaumeierei« übersetzen könnte, sie bewegt sich in einer Grauzone des Rechts, um einen Vorteil zu erreichen, ohne dafür zu arbeiten oder Geld auszugeben. Der Philosoph José Gil charakterisiert diesen »chico-espertismo« als die Fertigkeit, das Gesetz mit egoistischen Absichten zu umgehen oder subtil zu übertreten.

MÄRZ 2014. Im Asylantenheim in Heidenheim gab es ein Feuer, und im Sprachkurs »Deutsch für Ausländer« der Volkshochschule, den meine Frau gerade macht, lernt sie gerade, was Deutschland von seinen Einwanderern erwartet. Es ist eine ehrlichere Erklärung als die der deutschen Amts- und Würdenträger auf Integrationstrip.

Meine Frau ist Journalistin, hat Kommunikationswissenschaften studiert. In den Texten ihres Sprachbuchs lernt sie im Rollenspiel, wie sie sich für eine Stelle als Putzhilfe und Kassiererin bewerben muss und dass die Kinder nicht zu laut sein dürfen. So schnell, wie es sich die Verbreiter der deutschen Sprache und Zentralpädagogen der Volkshochschule wünschen, wird sie allerdings keine Büroräume oder Geschäfte putzen können. Sie hat sich stark erkältet: Die Heizung in den Schulungsräumen der Volkshochschule in Heidenheim funktionierte letzte Woche nicht.

Die Wunschemigranten wie z. B. die Krankenpfleger sollten möglichst schon einen Deutschkurs hinter sich haben, wenn sie nach Deutschland kommen. Die Nachfrage ist groß: Vor drei Jahren hatte Portugal sechs KrankenpflegerInnen pro 1000 Einwohner. Deutschland hatte fast doppelt so viele (11,4). Aber allein im Jahre 2012 sind 10 Prozent der portugiesischen KrankenpflerInnen ausgewandert. Das entspricht drei Jahrgängen ausgebildeten Fachpersonals. Ein Großteil von ihnen sind nach Deutschland gekommen. Die hiesigen Kliniken, Krankenhäuser und Pflegeheime schöpfen die qualifizierten Kräfte in Südeuropa ab, während hunderttausende alter Menschen in Spanien, Portugal oder Griechenland keine Pflege haben.

Am 26. Februar 2014 berichtet der deutsche Journalist Tilo Wagner für Deutschlandradio Kultur aus Lissabon. Es ist kurz vor halb acht morgens und viele AutofahrerInnen und KüchenhörerInnen werden erstaunt vernommen haben, dass es in Lissabon eine neue Suppenküche für Arbeits- und Obdachlose gibt, die aussieht »wie ein normales Restaurant«. Dann ist ja alles gut. Oder auch nicht: Immer mehr gewöhnliche Restaurants in Portugal sehen aus wie Suppenküchen.

Im *Spiegel* lese ich, dass 53,6 Prozent der Deutschen in einer Umfrage der GfK der Meinung waren, dass die Krise noch länger dauern, sich aber nicht weiter verschlimmern werde. 34,6 Prozent dagegen meinten, dass es noch schlimmer kommen wird. Die GfK befragte telefonisch 1008 Menschen. Auf Facebook erhielt ich ganz privat immerhin Antworten von 54 Bekannten und Familienangehörigen. 75 Prozent meiner Freunde und Verwandten meinen, die Krise wird sie noch schlimmer treffen. In der Journalisten-Gruppe waren es 90 Prozent, die noch schlechtere Zeiten erwarten. Meine Cousine, Rita ist 30 Jahre alt, hat Graphikdesign studiert und antwortete ausführlicher: »Die Medien versuchen mit allen Mitteln, Optimismus zu verbreiten. Aber alle Menschen, mit denen ich rede, sind sehr pessimistisch – oder realistisch – und lassen sich nicht vom Wunschdenken anstecken.«

Wer hat die Krise in Südeuropa verbrochen? Wer hat Portugiesen und Spanier in die Armut getrieben? Mit den Argumenten und Gegenargumenten jongliere ich seit Anfang der Krise. Bei jedem

Treffen mit portugiesischen oder deutschen Freunden muss ich meine Zirkusnummer machen.

Die Fronten unter Ökonomen oder zwischen Südeuropäern und Deutschen sind ähnlich. Auf der einen Seite kritisieren Nobelpreisträger wie Krugmann und Stieglitz die Sparpolitik Berlins, die im Süden kurzfristig Elend schafft und langfristig den Süden zu einem wirtschaftlichen Schattendasein verdammt, auf der anderen die Akademiker und Ökonomen aus dem Umfeld der Finanzwelt, die zu den Hauptberatern der deutschen Regierung gehören und die Stützung der Banken über alles andere stellen.

Wenn ich mit meinen deutschen Bekannten und Kollegen in mittelständischen Unternehmen rede, kennen sie meistens nur die deutsche Perspektive. Markus arbeitet in einem Unternehmen der IT-Branche, ist sich seiner Sache sicher und redet für die Mehrheit: »Spanier und Portugiesen«, fängt er an, »haben EU-Milliarden in den Sand gesetzt.« Ich muss ihm recht geben. Geld ist ein Suchtmittel. Aber wer ist schuld, wer den Suchtstoff spritzt oder wer die Drogen liefert? Und wie kann die Krise bewältigt werden, bevor jemand das Spielbrett kippt?

Portugal wird oft als das »Land der drei F« bezeichnet – für Fußball, Fado (melancholische Musik) und Fátima (der Ort, an dem drei Hirtenkindern göttliche Geheimnisse von einer über einem Baum schwebenden Mutter Gottes offenbart wurden). Es ist eine arge Vereinfachung, die die Denkweise einer Mehrheit der portugiesischen Bevölkerung erstaunlich präzise widerspiegelt. Zwischen Männern aller Altersstufen in Portugal fangen die meisten Gespräche mit einem Kommentar zur letzten Spielrunde oder Polemik der Fußballliga an. Letztes Jahr auf einer U-Bahntreppe in Lissabon hörte ich das Gespräch zwischen einem Obdachlosen und dem Straßenkehrer, der sein Kinn auf dem Besenstiel ausruhte. »Einhundert Millionen Euro für den Bale, der ist nicht mal die Hälfte wert«, sagte der Straßenkehrer.

Ob Obdachlose oder Spitzenpolitiker, Abtreibung, Staatsverschuldung oder Homo-Ehe, die meisten Diskussionen des privaten und öffentlichen Lebens werden auf dem Niveau der Verbalattacken zwischen Fußballfans gegnerischer Vereine geführt. So wird in Krisenzeiten auch über Wirtschaftsthemen und Finanzen diskutiert. Politik und Fußball verschmelzen in Portugal täglich zu einem rhetorischen Brei. Es passiert immer wieder, dass alle drei Hauptnachrichtensendungen der drei größten Fernsehanstalten um 20 Uhr mit einer Fußballmeldung anfangen, die dann oft ein Drittel der Nachrichtenzeit einnimmt (ein Trainer wurde abgeworben, ein ehemaliger Fußballspieler ist gestorben oder Life-Kameras berichten vom Stadion vor einem wichtigen Spiel). Bis vor kurzem war der Chef des Staatssenders RTP ein junger, ehemaliger Fußballreporter.

Der ehemalige Premierminister Pedro Santana Lopes, der heute als sicherer Kandidat für das Amt des Präsidenten der Republik Portugal gilt, war schon Staatssekretär für Kultur (er hat, wie er in einem Interview sagte, ein besonderes Faible für Chopins Violinkonzerte), Teilnehmer einer TV-Reality-Show, Vereinspräsident des Fußballklubs »Sporting«, Bürgermeister von Lissabon, Premier und Regierungschef. Heute leitet er die »Santa Casa da Misericórdia de Lisboa« (Das Heilige Haus der Barmherzigkeit von Lissabon), die neben einigen karitativen Aufgaben das staatliche Lotto- und Lotteriemonopol verwaltet. Als Zubrot kommentiert er Fußballspiele und die politischen Ereignisse im Fernsehen.

Auch ich ging im Juli 2013 an die Grenze meiner beruflichen Flexibilität. Um in Deutschland Fuß fassen zu können, musste ich meine Vorstellung von einem Job in einer Redaktion oder als Reporter im Terrain vergessen und eine Arbeit als »kreative Schreibkraft« von 8.30 bis 17.30 Uhr annehmen.

Wenige Tage bevor ich in der Agentur im Juli 2013 in Heidenheim als Texter anfing, schrieb ich noch für die österreichische Zeitschrift *Das Jüdische Echo* ein Essay über meine Erfahrungen und Enttäuschungen im Journalismus (es gibt zwar keine direkten jüdischen Vorfahren in meiner Familie, aber ich bin seit 2009 einer der Südeuropakorrespondenten des Magazins). Im August 2013 gab ich dem Sender Deutschlandradio Kultur ein Interview im SWR-Studio in Ulm. Das Radiogespräch war einen Monat später der Anlass für den Kösel-Verlag, sich mit mir in Verbindung zu setzen und dieses Buchprojekt vorzuschlagen. Als ich den Magazin-Artikel vor zehn Monaten schrieb, war ich gerade in Deutschland angekommen und hatte den Journalismus aufgegeben. Jetzt bin ich dabei, meine Gespenster zu bezwingen und meinen Weg in den Journalismus zurückzuerobern. Das Bewusstsein, in einem funktionierenden Rechtsstaat zu leben, gibt mit Kraft. Deutschland hat meine Lebensgeister wieder geweckt. Es war eine Befreiung, dieses Buch über das Ende der Fiesta zu schreiben – stückchenweise, in den Mittagspausen, an Wochenenden, auf losen Blättern, in den Smartphone diktiert, auf dem Notebook, in Cafés, am Strand während des Urlaubs, am PC. Das sah vor zehn Monaten noch ganz anders aus, wenn ich lese, wie ich damals gefühlt und geschrieben habe:

Ein sehr persönliches Fallbeispiel aus Portugal.
Journalismus sei, das zu veröffentlichen, was jemand nicht veröffentlicht sehen will. Alles andere gehöre in die Kategorie Öffentlichkeitsarbeit und Werbung. Ob Orwell es tatsächlich so formuliert hat oder ob es Hearst oder Harmsworth waren, spielt für mich keine große Rolle. So habe ich Journalismus von Anfang an verstanden, mit der Ergänzung, dass das, was veröffentlicht wird, unabhängig von den eigenen und den Interessen Dritter sein muss und alle relevanten Fakten publik gemacht werden. Weil ich diese Leitidee ernst nehme, bin ich jetzt Werbetexter in einer Agentur. (…)

Die modernen Medien interessieren sich selten für Hintergründe. Das ist keine Neuigkeit. Wenn die Recherche- und Produktionsaufträge aus Deutschland oder Österreich im Postfach des Korrespondenten landen, soll Bizarres her. In den Nachrichten bekommt der Zuschauer dann Entsprechendes zum Abend-

brot: brennende Autos, eingeschlagene Schaufensterscheiben oder Köpfe. Alternativ sind große Kinderaugen und Hausfrauenprostitution aus den Krisengebieten gefragt. Ob es sich um die Pariser Banlieues, die Innenstädte von Lissabon oder Athen oder ein Stadtpark in der Türkei handelt, ist ein zweitrangiger Aspekt. Die relevanten, bahnbrechenden Informationen in den Medien kommen ohnehin aus den Pressebüros der Regierungs- und Unternehmenszentralen. Politische Kommunikationsstrategen und Pressereferenten der Wirtschaft sind die Whistleblower des journalistischen Alltagsgeschäfts geworden.

Einer meiner ehemaligen Chefredakteure beschreibt die Entwicklung so: »Vor zehn Jahren haben wir Journalismus gemacht, das kostete Geld. Jetzt bieten wir den Unternehmen redaktionellen Content. Das bringt Geld.« Kurzfristig zahlt sich das aus. Langfristig verlieren die Zeitungen, Zeitschriften und Sender ihre Glaubwürdigkeit und Legitimierung.(…)

Das Verzocken des Publikumsvertrauens, das kurzsichtige Profitkalkül der Medienmanager und die Existenzangst der unter Druck stehenden Redaktionen schaden dem Journalismus mehr als die digitalen Medien. Niemand will durch ständiges Querdenken auffallen und gegen den Strom informieren: Die Austeritätspolitik wurde doch von höchster Stelle in Berlin und Brüssel abgesegnet, oder?

Journalisten werden zu Content-Lieferanten im Sinne des vorgegebenen Auftrags. Dahinter steckt eine subtile Selbstzensur. (…)

Letzte Woche bin ich mit Kind und Kegel und drei großen Koffern im Familienkombi losgefahren. In die Freiräume im Gepäckraum hat meine Frau noch Winterjacken und Decken hineingestopft – Great Depression redux. Mit dem Journalismus habe ich abgeschlossen. In Portugal können kritische Journalisten nicht mehr überleben, und als Autor ging es auch nicht mehr: Die Verlage haben kein Geld, der Durchschnittsportugiese kann sich Bücher nicht mehr leisten.(…)

Vom ORF wurde mir – nach zehn Jahren regelmäßiger Korrespondententätigkeit aus Lissabon – eine Praktikantenstelle in Aussicht gestellt. Ich wollte schon deswegen nicht der älteste Praktikant der Geschichte des österreichischen Rundfunks sein, weil meine Familie von dem Taschengeld nicht hätte leben können. Die sehr sympathischen Macher der Wochenzeitung Falter, *denen mein vorletzter, im* Jüdischen Echo *veröffentlichter Artikel auf- und gefiel, wollten mich mit einen noch zu spezifizierenden Text, »einen Essay zum Thema Österreich« beauftragen. Nach weiteren Kontakten aus Lissabon wurde daraus schließlich die Einladung zu einem Kaffee bei meinem nächsten Besuch in Wien. Ich werde sicherlich darauf zurückkommen – das ist die freundliche Wiener Art. (…)*

Die Medien pusteten die Immobilienblase mit auf, sie halfen, Kredite zu verkaufen, vertuschten Missstände, und anstatt vor Ort zu recherchieren und die Illusion zu hinterfragen, lehnten sich die Journalisten in den Redaktionssesseln zurück.(…)

Der Journalismus, den ich liebe, liegt auf der Intensivstation. Nach 22 Jahren ziehe ich einen Schlussstrich. Ich sitze im Zug, auf dem Weg zu einem Studio. In einer Stunde werde ich für ein Programm des Senders Deutschlandradio Kultur interviewt. Nicht, weil ich meinen Beruf wechsle – als wäre das möglich, wenn man als Journalist erwachsen geworden ist – oder weil ich ein viel gelesener Autor wäre, sondern weil ich letzte Woche mit meiner portugiesischen Frau und unseren zwei Kindern aus Portugal frisch nach Deutschland ausgewandert bin. Ein bisschen human touch halt. Und Honorar gibt es für das Interview auch.

Was bewegt einen Journalisten, sein Land zu verlassen und seinen Beruf aufzugeben? Egal, wie die Antwort ausfallen wird, weinen oder schluchzen werde ich jedenfalls nicht. Das braucht man in anspruchsvollen Radioprogrammen noch nicht.

(in *Das Jüdische Echo,* Juli 2013)

KAPITEL 14

Aufbruch

Die Region Ost-Baden-Württemberg wirbt heute mit Slogans wie »Die tollsten Patente sind auf unserem Mist gewachsen« oder, wie um den vorherigen Satz zu beweisen, »Am Abend machen wir Patente und zeugen Kinder«. Im Kindergarten drückte mir die Erzieherin, eine freundliche und sehr kompetente Frau, eine Broschüre in die Hand. Es war das Programmheft einer Hector-Kinderakademie oder Akademie der Zukunft. Sie hat das Ziel einer größeren Wertschöpfung: »begabte, hochbegabte, interessierte, motivierte und kreative Kinder« sollten früh gefördert werden. In der Broschüre, sagte ein Herr Ilg, Oberbürgermeister von Heidenheim, in seinem Vorwort treffende Wahrheiten – »Liebe Kinder und Eltern, da unser Land keine großen Reserven wichtiger Bodenschätze besitzt, sind die Ausbildung, die Denk- und Arbeitsleistung aller und die vielen Talente entscheidende Faktoren dafür, dass es uns weiterhin gut gehen wird.«

Ähnliches hatte ich vom »Stadtoberhaupt«, so die historische Funktionsbeschreibung des Oberbürgermeisters, der benachbarten Stadt Schwäbisch Hall im März 2013 gehört. Ich war als Online-Redakteur des Goethe-Instituts Lissabon mit einer Delegation portugiesischer Schulleiter unterwegs, die das in Deutschland so erfolgreiche duale Ausbildungssystem kennenlernen wollte (die Portugiesen staunten vor allem über die Allgegenwärtigkeit der Maultaschen, die sie zu jeder Mahlzeit vorgesetzt bekamen).

Im Besprechungszimmer des Oberbürgermeisters von Schwäbisch Hall sagte der Mann, der mich an einen Rentner der AOK-Werbung erinnerte, aber sich aufführte wie ein Sonnenkönig im

Kreisstadtformat, seine Stadt suche weiterhin qualifizierte Leute für die lokale Industrie »Wegen des Geburtenrückgangs in der Region«, dazu schaute er vorwurfsvoll in die Runde. Ein Jahr zuvor hatte eine Gruppe südeuropäischer Journalisten dasselbe gehört. Darüber berichteten die Medien in Portugal: Schwäbisch Hall, das El Dorado Europas, suche qualifizierte Arbeitskräfte. »Lernen Sie die deutsche Stadt kennen, die Portugiesen einstellen will«, schrieb meine Exkollegin Madalena Queirós im Wirtschaftsblatt *Económico* Anfang 2012.

Als Konsequenz regnete es in Schwäbisch Hall wochenlang Bewerbungen, insgesamt an die 15 000 aus Portugal, wie der Bürgermeister erzählte. Mit dem amüsierten Lächeln eines schwäbischen Stadtoberhaupts bemerkte Herr Pelgrim, »manche der Bewerbungen seien nicht einmal in Deutsch verfasst«. Und ergänzte: »Also, Deutsch sollten sie schon können«, dabei schaute er die anwesenden Institutsleiterinnen des Goethe-Instituts an, als hätten sie es persönlich zu verantworten, dass der eine oder andere Portugiese sich immer noch nicht in der Sprache eines Gustav Schwab auszudrücken vermochte.

Meine Frau und ich wollten eigentlich nur, dass unsere Töchter zu Hause Prinzessinnen spielen, Feenbilder malen, Kinderlieder singen und ihre selbsterfundenen Theaterstücke aufführen. Ob hochbegabt oder nur so lala, die Kindheit ist zu kurz, um den ganzen Tag mit dem Rechenschieber oder Geo-Dreieck Legosteine oder Puppenhauswinkel zu vermessen.

Ich wusste, dass mein erster Job als Texter in Heidenheim nur eine kurze Zwischenstation sein konnte, und folgte der Einladung, Sofia in der Akademie der Zukunft anzumelden, in der Hoffnung, im Frühjahr 2014, zu Kursbeginn, schon woanders zu sein. Auf einer Party im November bei meinem Bruder im Berliner Vorort Frohnau hatte ich einen Freund von ihm kennengelernt, einen Journalisten und Fernsehproduzenten. Ich bat meinen Bruder, ein gutes Wort für mich einzulegen.

In unserer Kindheit in Bochum, als mein Bruder und ich ein Zimmer teilten, hatten wir vereinbart, er würde einmal der Kapitalist sein, ich der Weltenbummler. Wir haben beide unser Wort gehalten. Als Kinder haben wir darüber gelacht, wie es sein würde, wenn ich bei ihm anklingelte und um Geld für meine nächsten Abenteuer bitten würde. Als Erwachsene ist die Vorstellung nicht mehr ganz so witzig. Aber er hielt Wort, und nach meiner Rückkehr nach Deutschland bot er mir finanzielle Hilfe an.

Natürlich würde ich lieber wieder auf einem Boot zwischen Iquitos und Manaus treiben, als mich von meinem erfolgreichen Bruder in Deutschland unterstützen zu lassen. Aber einen beruflichen Kontakt anzubahnen fiel nicht in die Kategorie »Unterstützung«. Heute heißt das familienneutral »networking«.

Eine andere Job-Möglichkeit war die Stelle des Pressesprechers in einem Deutschen Schifffahrtsmuseum. Beworben hatte ich mich für die Stelle im maritimen Museum schon von der Algarve aus, lange bevor ich wusste, dass ich in einer ersten Phase in Heidenheim vegetieren und über den hiesigen Menschenschlag staunen würde. Die Bewerbung war unter den ca. 100, die ich in meiner Phase als Lebensläufer von der Algarve aus geschickt hatte, die einzige außerhalb des Journalismus, die mich begeistert hatte. Ich war mit dem offenen Notebook zu Alexandra gelaufen, sie stand am Wohnzimmerfenster, hinter ihr am Horizont der Atlantik, und hatte ihr gesagt: »Wenn es mit dem Journalismus nicht klappt, diese Stelle ist die, die ich mir wünsche, in einem Schifffahrtsmuseum direkt an der Wasserlinie.« Sie lächelte. »Museum, Schiffe, Meer, das schaffst du.«

Die Museumsdirektorin und ihre Stellvertreterin waren beide streng inquisitorisch während des Vorstellungsgesprächs, aber trotzdem charmant, und später bekam ich einen telefonischen Zwischenbescheid. Es sei noch nicht offiziell, aber ich sollte mich auf einen baldigen Umzug einstellen. Ich sei »der Wunschkandidat«, es fehle nur das grüne Licht der Frauenbeauftragten der Stadt (die Ampel schaltete ein paar Tage später auf Rot: Es gab eine akademisch qualifiziertere Bewerberin). Ich war enttäuscht. Nun sitze ich in Heidenheim und schreibe wieder Bewerbungen. Ich träume weiter von einem Posten am Meer oder vom Einsatz im Journalismus in einer interessanten Großstadt: nützliche Sachen schreiben, die jemand nicht gedruckt sehen möchte.

Ob ich Ende dieses Jahres meine Arbeitszeit in atlantischer Nostalgie als Museumsstück der deutschen Schifffahrt verbringe, mit einem Kameramann auf den Fersen den Nachrichten und Katzen auf Bäumen nachklettere oder doch noch im seriösen Journalismus meinen Platz finde, weiß ich nicht.

Vielleicht kehre ich irgendwann nach Portugal zurück und schreibe Abenteuerbücher am Atlantik. Oder vielleicht verliebe ich mich doch noch in eine deutsche Stadt mit zivilisierten Stadtmenschen, netten mediterranen Restaurants, Weinlokalen und einem Flughafen, um im Sommer oder im Winter in den Süden zu fliegen.

Einmal hat mein Bruder wahrscheinlich mein Leben gerettet. Wir wohnten in der sechsten Etage in einem Hochhaus (ich war elf, er zweieinhalb Jahre älter), und wir waren mitten in einem Wettkampf: Wer es länger schaffte, sich von der Balkonbrüstung nach außen hängen zu lassen. Wir hielten uns nur mit den Händen fest und hingen beide nebeneinander über dem 20 Meter tiefen Abgrund unter uns. Ich »gewann« und er »verlor«, weil er sich zuerst mit den Füßen wieder auf die Balustrade hochzog und dann mich an meinem Handgelenk, Arm und Bein hochhievte, bevor meine Kraft schwand. Diese Kindheitserinnerung ist die letzte Metapher, die mir zur Krise und der Beziehung zwischen Deutschland und Südeuropa einfällt.

Ende der Fiesta